解説

民法（家族法）改正のポイントⅠ

2018～2022年民法改正編

大村敦志・窪田充見 編

石綿はる美・木村敦子・久保野恵美子・小池　泰
杉山悦子・幡野弘樹・山下純司

有斐閣

はしがき

　財産法の領域における民法改正は，今世紀に入ってから盛んになった。2003 年・2004 年の担保法改正（抵当制度の改正と根保証規定の新設），2006 年の法人法改正（一般法人法の制定に伴う法人規定の削除・再編）に続き，2009 年には，法制審議会に民法（債権関係）部会が設けられて，いわゆる債権法改正のための立案作業が正式にスタートした。同部会での足かけ 7 年に及ぶ審議を経て，2015 年には法案が国会に提案され，2017 年に可決成立した（大村敦志・道垣内弘人編『解説 民法（債権法）改正のポイント』〔有斐閣，2017 年〕を参照）。

　では，家族法の領域はどうかと言えば，債権法改正に続く形で，2018 年には婚姻法の改正（①），2019 年には養子法の改正（②），2022 年には親権法の改正（③a）と実親子法の改正（③b）が実現し，さらに 2024 年には離婚後養育を中心とした改正（④）が実現した。これらのうち，①は成年年齢の引下げに伴うものであり，②③a は児童虐待への対応，③b は無戸籍児問題への対応を一つの機縁とするものであった。こうして見ると，一連の家族法改正はアドホックに行われてきたようにも見える。

　もちろん，これらの改正には，具体的な社会問題に促された面もある。しかしながら，その背後に，1980 年代末から顕著になってきた大きな動向，すなわち（実態及び意識の両面での）家族の多様化，そして，家族関係の脱暴力化——中国民法の用語法に倣って「文明化」と呼んでもよい——の動向があることもまた確か

i

である。明治民法の家族法に代わり新民法が登場したのは1947年のことだが，その後の75年の前半においては先導的・啓蒙的な役割をはたした「新民法」も，後半になると（一言でいえば上記のような）時代の動きに追い越される部分が増えてきた。全面的な見直しが求められるのは，その意味では自然なことであった。

　実際のところ，債権法改正に呼応する形で，学界では複数の家族法改正案が準備され，2010年ごろまでにはシンポジウム等の形で提案がなされていた。法務省もこうした動向に関心を寄せ，民事局参事官室を事務局として，2008年4月には「家族法研究会」が発足した。同研究会は「今日における家族法立法の課題・問題を抽出するために比較法的な調査・検討を行うことを目的として」2010年5月まで22回の会合を重ね，大村敦志・河上正二・窪田充見・水野紀子編『比較家族法研究──離婚・親子・親権を中心に』（商事法務，2012年）をとりまとめた。

　この研究会では検討に先立ち，「家族法研究会において取り上げるべき論点について」（同書448頁以下に掲載。以下，「とりあげるべき論点」と呼ぶ）を作成したが，「第1　離婚成立の在り方に関する問題点について」，「第2　離婚の効果等の在り方に関する問題点について」，「第3　実親子関係の成立の在り方に関する問題点について」，「第4　養親子関係成立の在り方に関する問題点について」，「第5　親権等の在り方に関する問題点について(1)」，「第6　親権等の在り方に関する問題点について(2)」の6項目に分けて，課題の整理がなされていた。

　成年年齢引下げを直接の契機とした①は別にして，2018年から22年にかけて実現した上記③abの改正（さらに③bに先行して行われた2011年改正）と2024年の上記④の改正は，いずれも「取

はしがき

　り上げるべき論点」にかかわるものであると言える。また，改正そのものには不十分な点も残ることは確かであるとしても，一連の改正作業を通じて，「とりあげるべき論点」のほとんどについて，一通りは検討がなされたと言うこともできる。

　以上のような認識に立って，①〜④をひとまとまりの改正ととらえることとし，これらの改正を対象に『解説 民法（家族法）改正のポイント』を企画した。これからも家族法改正は続くであろうが，それらについては，いずれまた別の解説書が企画されることだろう。なお，出版の時期・方式としては，③の改正の完了時に①〜③に対応するⅠ（本巻）をまず刊行し，続いて④の改正の完了時にこれに対応するⅡ（続巻）を刊行することとした。ⅠⅡをまとめた方が参照には便利であるには相違ない。すでに実現している①〜③の改正は社会的な関心の高いものであることに鑑み，このような分冊方式を採用したが，Ⅰに続きⅡも早期に刊行できるように準備を進めたい。

　なお，（財産法・家族法の双方にまたがる）相続法の改正のうち，2018 年改正については大村敦志・窪田充見編『解説 民法（相続法）改正のポイント』（有斐閣，2019 年）をご参照いただければ幸いである。（所有者不明土地に関して，物権編とあわせて相続編を改正する）2021 年改正については，山野目章夫・佐久間毅編『解説 民法・不動産登記法（所有者不明土地関係）改正のポイント』（有斐閣，2023 年）が刊行されている。

　　2024 年 5 月

　　　　　　　　　　　　　　　　　　　　　　　　大 村 敦 志

　　　　　　　　　　　　　　　　　　　　　　　　窪 田 充 見

追記　「はしがき」の脱稿後，2024 年 2 月に，本書の編者の一人，窪田充見教授が急逝された。謹んでお悔やみを申し上げるとともに，本書の完成をご報告し，窪田教授がとられた編集の労に対して改めてお礼を申し上げる。紙幅と時間の関係で多くを語ることはできないが，家族法改正に対する窪田教授のご貢献については，Ⅱの「あとがき」で改めて述べさせていただくことにしたい。

（2024 年 6 月　大村敦志）

執筆者紹介

　　　　　五十音順。＊は編者。

　　石綿はる美（いしわた　はるみ）
　　　一橋大学准教授　　　　第4章Ⅱ

＊大村敦志（おおむら　あつし）
　　　学習院大学教授　　　　序章

　　木村敦子（きむら　あつこ）
　　　京都大学教授　　　　　第4章Ⅴ

＊窪田充見（くぼた　あつみ）
　　　元神戸大学教授　　　　序章

　　久保野恵美子（くぼの　えみこ）
　　　東北大学教授　　　　　第3章

　　小池　泰（こいけ　やすし）
　　　九州大学教授　　　　　第4章Ⅲ・Ⅳ

　　杉山悦子（すぎやま　えつこ）
　　　一橋大学教授　　　　　第2章

　　幡野弘樹（はたの　ひろき）
　　　立教大学教授　　　　　第4章Ⅰ

　　山下純司（やました　よしかず）
　　　学習院大学教授　　　　第1章

目　次

序　章　改正の経緯 ―――――――――――――――― 1
- I　はじめに　2
- II　婚姻法の改正（2018年）　3
- III　養子法の改正（2019年）　5
- IV　親権法・実親子法の改正（2022年）　6
- V　離婚後養育等に関する改正　8

第1章　婚姻法の改正（2018年） ―――――――――― 11
- I　はじめに　12
- II　成年年齢の引下げ　12
- III　婚姻適齢の引上げ　20
- IV　縁組能力ほか　23

第2章　養子法の改正（2019年） ―――――――――― 25
- I　養子の年齢制限の緩和　26
- II　手続の整備　40

第3章　親権法の改正（2022年） ―――――――――― 57
- I　2011年の改正　58
- II　2022年の改正　71

第 4 章　実親子法の改正（2022 年） ——————81

　　I　嫡出推定　82
　　II　否認権者の拡大　111
　　III　認知無効の制限　145
　　IV　子が自ら主張する際の出訴期間の特則　170
　　V　生殖補助医療に関する特則　187

条文索引（203）

事項索引（209）

凡　例

1　法令について
(1)　民　法

　本書が解説の対象とする，民法の改正法（平成23年法律61号，平成30年法律59号，令和元年法律34号，令和4年法律102号）により改正がなされた条文は，原則として「改正○条」と，改正前の条文は「改正前○条」と表記した。

(2)　その他の法令

　その他の法令については，原則として正式名称で表記する。各章で通称を使用する場合は，本文中に記載した。

2　判例について
　判例は以下のように表記した。
　　最大決平成27年12月16日民集69巻8号2427頁
　　＝最高裁判所平成27年12月16日決定，最高裁判所民事判例集69巻8号2427頁所収

　□略　語
〈判　決〉

最（大）判（決）	最高裁判所（大法廷）判決（決定）
大（連）判（決）	大審院（連合部）判決（決定）
高　　判（決）	高等裁判所判決（決定）
地　　判（決）	地方裁判所判決（決定）

〈判例集〉

民　　集　　大審院民事判例集／最高裁判所民事判例集

民　　録	大審院民事判決録
集　　民	最高裁判所裁判集　民事
家　　月	家庭裁判月報
家　　判	家庭の法と裁判
判　　時	判例時報
判　　タ	判例タイムズ
金　　法	金融法務事情

3　法制審議会の資料等

　法制審議会民法（親子法性）部会等の資料・文献については下記の略語を用いた。

部会資料	法制審議会民法（親子法制）部会資料
中間試案	民法（親子法制）等の改正に関する中間試案
中間試案の補足説明	民法（親子法制）等の改正に関する中間試案の補足説明
要綱案	民法（親子法制）等の改正に関する要綱
一問一答	佐藤隆幸編著『一問一答　令和4年民法等改正──親子法制の見直し』

序　章

改正の経緯

序章　改正の経緯

1　はじめに

　近年，債権法（2017年）・相続法（2018年）の改正に続き，家族法[1]に関連する改正が相次いで行われている。本書及びこれに続く『解説 民法（親子法）改正のポイントⅡ』（以下，『ポイントⅡ』と略称）で主として取り上げるのは[2]，そのうち，以下の三つの改正，すなわち，平成30年法律第59号による婚姻法の改正，令和元年法律第34号による養子法の改正，令和4年法律第102号による親権法・実親子法の改正，及び立案作業が進行中〔脱稿時〕の離婚後養育等に関する改正である。

　これらの諸改正の際になされた議論の推移については，『ポイントⅡ』の末尾においてその全体像を改めて総括することとして[3]，ここでは，それぞれの改正の経緯のみを順に簡単に示しておく。

---

1) 本書にいう「家族法」は民法親族編を指す。それゆえ，相続編に関する改正（2018年・2021年）は含まないほか，補助法（戸籍法），手続法（家事事件手続法・民事執行法・ハーグ条約実施法）その他特別法（生殖補助医療特例法など）に属する改正等も含まない。もっとも，本書で取り上げる改正との関連でこれらに言及することはある。
2) 平成23年法律第61号による改正（親権停止制度の創設等），平成28年法律第71号（再婚禁止期間の短縮）については関連の改正とあわせて言及する。そのほかに，平成28年法律第27号による改正（成年後見に関する規定の追加）がなされているが，これについては本書では取り上げない。
3) 『ポイントⅡ』の末尾では，今後の展望を述べることも予定している。

II 婚姻法の改正（2018年）

　平成30年法律第59号は，民法総則編の成年年齢を従前の20歳から18歳に引き下げたのに伴い，親族編の関連規定を改めた。具体的には，婚姻適齢・成年擬制など婚姻法を中心にいくつかの規定が改められた。成年年齢の引下げのための改正は，2007年（平成19年）5月に成立した「日本国憲法の改正手続に関する法律」の附則3条によって，同法施行までに選挙年齢を定める公職選挙法の規定とあわせて，成年年齢を定める民法の規定について検討することが求められたのを受けて，作業が開始されたものである。

　法制審議会第155回会議（2008年2月13日）においては，法務大臣から諮問第84号（「若年者の精神的成熟度及び若年者の保護の在り方の観点から，民法の定める成年年齢を引き下げるべきか否か等について御意見を承りたい。」）がなされ，民法成年年齢部会が設置された。同部会（部会長・鎌田薫早稲田大学教授〔当時〕）は，第1回会議（2008年3月11日）から第15回会議（2009年7月21日）まで15回の会議を経て，「民法の成年年齢の引下げについての最終報告書」を取りまとめた。なお，この間，第11回会議（2008年12月16日）に「民法の成年年齢の引下げについての中間報告書」が取りまとめられ，パブリック・コメントに付されたほか，部会では各種ヒアリングとあわせて高校生との意見交換会が実施された。法制審議会第159回会議（2009年9月17日）では，上記最終報告書につき議論がなされた後に事務当局が答申案を作成することとされ，同第160回会議（同年10月28日）において，事務当局から

提出された「民法の成年年齢の引下げについての意見」が示され，これを答申とすることが決定された。

以上の経緯は，民法関係の審議の進め方としては異例のものであった。部会が決定した改正要綱案を総会が了承するというのが通例であるが，諮問第84号に関しては，部会が報告書を提出し，総会ではこれに基づいて議論がなされ，改めて答申が作成された。また，答申の内容も異例のものであり，成年年齢の引下げを肯定しつつ，「民法の定める成年年齢を18歳に引き下げる法整備を行う具体的時期については……国会の判断に委ねるのが相当である」としていた。

実際のところ，改正法案は直ちには国会に提出されず，2015年の「公職選挙法等の一部を改正する法律」（平成27年法律第43号）の附則において，「国は……民法（明治29年法律第89号），少年法その他の法令の規定について検討を加え，必要な法制上の措置を講ずるものとする」（11条）という規定が置かれたのを受け，法案作成作業が本格的に始動し，法案は2018年3月13日に第196国会（常会）に提出された。同年4月24日の衆議院本会議で法務委員会に付託され，同年5月9日，11日，15日（参考人質疑），16日，22日，25日に質疑討論がなされ，25日に可決（賛成多数）された。これを受けて5月29日には本会議でも可決（賛成多数）された。参議院では，5月30日法務委員会に付託され，31日，6月5日，7日（参考人質疑），12日に質疑討論がなされ，12日に付帯決議とともに可決（賛成多数）された。さらに6月13日に本会議において可決（賛成多数）され，これによって法律として成立し，6月20日に公布された。

III 養子法の改正（2019年）

「児童福祉法等の一部を改正する法律」（平成28年法律第63号）は附則で「この法律の施行後速やかに，児童の福祉の増進を図る観点から，特別養子縁組制度の利用促進の在り方について検討を加え，その結果に基づいて必要な措置を講ずるものとする」（2条1項）とした。こうした動きの中で，法務省民事局参事官室を事務局として「特別養子を中心とした養子制度の在り方に関する研究会」（座長・大村敦志東京大学教授〔当時〕）が設けられ，2017年7月から特別養子制度を中心とした見直し作業が始まった。同研究会では普通養子制度をも視野に入れた検討を行ったが，そのうち特別養子制度に関する部分につき，2018年6月に中間報告書が取りまとめられた。

これをふまえて，法制審議会第181回会議（2018年6月4日）において，法務大臣から諮問第106号（「実方の父母による監護を受けることが困難な事情がある子の実情等に鑑み，特別養子制度の利用を促進する観点から，民法の特別養子に関する規定等について見直しを行う必要があると思われるので，その要綱を示されたい。」）がなされ，特別養子制度部会が設置された。同部会（部会長・大村敦志東京大学教授〔当時〕，部会長代理・窪田充見神戸大学教授）は，第1回会議（2018年6月26日）から第10回会議（2019年1月29日）まで10回の会議を経て，「特別養子制度の見直しに関する要綱案」を取りまとめた。なお，この間，第5回会議（2018年10月9日）に「特別養子制度の見直しに関する中間試案」が取りまとめられ，パブリック・コメントに付されたほか，部会では各種ヒアリングが実

施された。要綱案は、法制審議会第183回会議（2019年2月14日）に付議され、全会一致で了承されて法務大臣に答申された。

改正法案は2019年3月15日に第198国会（常会）に提出された。同年5月14日の衆議院本会議で趣旨説明がなされ法務委員会に付託され、同年5月15日、17日、22日（参考人質疑）、24日に質疑討論がなされ、24日に可決（賛成多数）された。これを受けて5月28日の本会議で可決（賛成多数）された。参議院では、5月29日に法務委員会に付託され、30日、6月4日（参考人質疑）、6日に質疑討論がなされ、6日に可決（賛成多数）された。さらに6月7日に本会議において可決（賛成多数）され、これによって法律として成立し、6月14日に公布された。

Ⅳ　親権法・実親子法の改正（2022年）

懲戒権に関する規定の削除は、児童虐待に関連して親権制度等を見直した2011年（平成23年）改正の際にも検討されたが、同改正においては懲戒権の行使が子の利益のためになされるべきことが明確化されるにとどまった。その後、「児童虐待防止対策の強化を図るための児童福祉法等の一部を改正する法律」（令和元年法律第46号）により、児童虐待防止法において親権者の体罰禁止が明文化される（14条1項）とともに、附則に「この法律の施行後2年を目途として、民法（明治29年法律第89号）第822条の規定の在り方について検討を加え、必要があると認めるときは、その結果に基づいて必要な措置を講ずるものとする」（7条5項）という検討条項が設けられた。他方、いわゆる無戸籍者問題に対しては、2007年の法務省民事局長通達（法務省民一第1007号）に

おいて民法772条の運用方針が示されることによって一定の対応が図られていたが，より立ち入った形での嫡出推定制度の見直しが求められていた。こうした動きの中で，法務省民事局参事官室を事務局として，二つの研究会（「嫡出推定制度を中心とした親子法制の在り方に関する研究会」〔2018年10月設置，座長・大村敦志東京大学教授〔当時〕〕，「監護権の規定の在り方に関する研究会」〔2019年6月設置，座長・大村敦志学習院大学教授〕）が設けられて見直し作業が始まり，両研究会ではいずれも2019年7月に報告書のとりまとめがなされた。

これをふまえて，法制審議会第184回会議（2019年6月20日）において，法務大臣から諮問第108号（「児童虐待が社会問題になっている現状を踏まえて民法の懲戒権に関する規定等を見直すとともに，いわゆる無戸籍者の問題を解消する観点から民法の嫡出推定制度に関する規定等を見直す必要があると考えられるので，その要綱を示されたい。」）がなされ，民法（親子法制）部会が設置された。同部会（部会長・大村敦志学習院大学教授，部会長代理・窪田充見神戸大学教授）は，第1回会議（2019年7月29日）から第25回会議（2022年2月1日）まで25回の会議を経て，「民法（親子法制）等の改正に関する要綱案」を取りまとめた。なお，この間，第14回会議（2021年2月9日）に「民法（親子法制）等の改正に関する中間試案」が取りまとめられ，パブリック・コメントに付されたほか，部会では各種ヒアリングが実施された。要綱案は，法制審議会第194回会議（2022年2月14日）に付議され，全会一致で了承されて法務大臣に答申された。

改正法案は2022年10月14日に第210国会（臨時会）に提出された。同年11月1日の衆議院本会議で趣旨説明がなされ法務委員会に付託され，同年11月2日，8日（参考人質疑），9日に質疑

討論がなされ，9日に附帯決議とともに可決（賛成多数）された。これを受けて11月17日の本会議で可決（賛成多数）された。参議院では，11月18日に法務委員会に付託され，12月6日（参考人質疑），8日に質疑討論がなされ，8日に附帯決議とともに可決（全会一致）された。さらに12月10日に本会議において可決（賛成多数）され，これによって法律として成立し，12月16日に公布された。

V 離婚後養育等に関する改正

　以上のように，家族法分野では相次いで法改正が行われたが，なお残された課題も少なくなかった。そのうち，離婚後の子の養育に関する問題（養育費の支払確保や面会交流の安心・安全な実施など）は，2011年の改正の際の附帯決議において検討が求められていた課題でもあり，社会的な関心が高かった。さらに，離婚と家族関係に関しては，未成年養子制度や財産分与制度についても問題点が指摘されていた。こうした動きの中で，法務省民事局参事官室を事務局として，家族法研究会（座長・大村敦志学習院大学教授）が設けられて，2019年11月から見直し作業が始まり，同研究会は2021年2月に報告書をとりまとめた。

　これをふまえて，法制審議会第189回会議（2021年2月10日）において，法務大臣から諮問第113号（「父母の離婚に伴う子の養育への深刻な影響や子の養育の在り方の多様化等の社会情勢に鑑み，子の利益の確保等の観点から，離婚及びこれに関連する制度に関する規定等を見直す必要があると思われるので，その要綱を示されたい。」）がなされ，家族法制部会が設置された。同部会（部会長・大村敦志学習院

大学教授，部会長代理・窪田充見神戸大学教授）は，第 1 回会議（2021 年 3 月 30 日）から第 20 回会議（2022 年 11 月 15 日）まで 20 回の会議を経て，「家族法制の見直しに関する中間試案」を取りまとめた。なお，中間試案はパブリック・コメントに付されたほか，部会では各種ヒアリングが実施された。調査審議は現在も続行中である[4]〔脱稿後，第 37 回会議での要綱案の取りまとめを経て，法制審議会第 199 回会議で了承され，法務大臣への答申がなされた。法案は 2024 年 5 月 17 日に可決・成立し，5 月 24 日に公布された。この改正の内容については，本書に続く『ポイントⅡ』を参照〕。

〔大村敦志・窪田充見〕

---

4) 中間試案の決定後，本稿執筆時までの間に，家族法部会ではさらに 3 回の会議が開かれているほか，総会（第 197 回会議〔2023 年 2 月 17 日〕）でも中間試案に至るまでの審議の経過が報告されている。

第 1 章

婚姻法の改正
(2018 年)

第1章　婚姻法の改正（2018年）

> **改正のポイント**
> □成年年齢が20歳から18歳に引き下げられた。
> □女性の婚姻年齢が引き上げられ，男女とも18歳となった。

I　はじめに

ここでは，2018年改正（平成30年法律第59号）による成年年齢の引下げおよび婚姻年齢の引上げについて扱う。同改正は，2022年に施行済みであるので，改正後の条文を「現（法）」，2018年改正前の条文を「改正前（法）」として表記する。

II　成年年齢の引下げ

　改正の概要

改正前4条は，「年齢20歳をもって，成年とする。」と定め，満20歳以上の自然人を成年者，満20歳未満を未成年者としていた。成年年齢が20歳と定められたのは，明治9年に「自今満弐拾年ヲ以テ丁年ト相定候」との太政官布告（第41号）が出されたのが最初であり，その後，明治23年に制定されたが未施行に終わった旧民法（明治23年法律第98号）の「私権ノ行使ニ関スル成年ハ満20年トス但法律ニ特別ノ規定アルトキハ此限ニ在ラス」（3条）との規定を経て，明治29年制定の現民法（明治29年法律第

28号)の「満20年ヲ以テ成年トス」(3条)との規定に引き継がれた。これが2004年に現代語化されて,「年齢20歳をもって,成年とする」(4条)となったのが,改正前4条の条文である。

2018年改正により,現4条は「年齢18歳をもって,成年とする。」と改められている。これにより,成年年齢が18歳に引き下げられることになった。

改正に至る経緯

(1) 国民投票法の制定と公職選挙法の改正

民法成年年齢引下げの議論は,2007年の日本国憲法の改正手続に関する法律(国民投票法)の制定を契機とする。同法は,国民投票の投票権年齢を18歳と定めるものであるが,その附則に,公職選挙法や民法その他の法令について必要な法制上の措置を講ずるまでは投票権年齢を20歳に据え置くことが定められた。同附則を受けて,公職選挙法は2015年に改正され,翌2016年から選挙権年齢が18歳に引き下げられている。

(2) 法制審議会の答申

法制審議会の民法成年年齢部会は,2008年2月に法務大臣の諮問を受けて設置された。同部会は2009年7月に「民法の成年年齢の引下げについての最終報告書」を取りまとめ,同年10月に法制審議会から法務大臣に,民法の成年年齢を18歳に引き下げるのが適当とする答申を行った。

最終報告書では,「民法の成年年齢を18歳に引き下げることは,18歳に達した者が,自ら就労して得た金銭などを,法律上も自

13

らの判断で費消することができるなど社会・経済的に独立の主体として位置づけられることを意味する。国民投票年齢が18歳と定められたことに伴い，選挙年齢が18歳に引き下げられることになるのであれば，18歳，19歳の者が政治に参加しているという意識を責任感をもって実感できるようにするためにも，取引の場面など私法の領域においても自己の判断と責任において自立した活動をすることができるよう，民法の成年年齢を18歳に引き下げるのが適当である」（最終報告書24頁）として引下げを肯定するが，他方で，「現代の若年者は『大人』としての自覚に欠けているという指摘」や「消費者被害の拡大など様々な問題が生ずるおそれ」があることを考慮して，「民法の成年年齢の引下げの法整備を行うには，若年者の自立を促すような施策や消費者被害の拡大のおそれ等の問題点の解決に資する施策が実現されることが必要である」と指摘し，引下げの時期については「これらの施策の効果等の若年者を中心とする国民への浸透の程度やそれについての国民の意識を踏まえた，国会の判断にゆだねるのが相当である」とした（同25頁）。

(3) 消費者関連法の整備

上記のような経緯から，若年者の自立を促す施策として法教育等の充実が図られたほか，若年者を消費者被害から保護するために消費者契約法の改正等が行われている。特に，2018年の消費者契約法の改正（翌年施行）では，「社会生活上の経験が乏しい」消費者について，①「進学，就職，結婚，生計その他の社会生活上の重要な事項」あるいは「容姿，体型その他の身体の特徴又は状況に関する重要な事項」「に対する願望の実現に過大な不安を抱いていることを知りながら，その不安をあお」る勧誘や（消費

者契約法4条3項5号)、②消費者契約の「勧誘を行う者に対して恋愛感情その他の好意の感情を抱き、かつ、当該勧誘を行う者も当該消費者に対して同様の感情を抱いているものと誤信していることを知りながら、これに乗じ」、消費者契約を締結しないと関係が破綻するなどと告げて契約締結を迫る、いわゆるデート商法型の勧誘について(同項6号)、消費者の取消権が創設された。ここでいう「社会生活上の経験が乏しい」者とは、必ずしも若年者に限られないが、主として若年者を念頭に置いている。

(4) 法改正から施行まで

このような経緯を経て、2018年6月20日の「民法の一部を改正する法律」(平成30年法律第59号)により、成年年齢は18歳に引き下げられた。施行日は2022年4月1日とされ、経過措置として、現4条の規定は、「この法律の施行の日(以下「施行日」という。)以後に18歳に達する者について適用し、この法律の施行の際に20歳以上の者の成年に達した時については、なお従前の例による」ものとされている(附則2条1項)。また、「この法律の施行の際に18歳以上20歳未満の者……は、施行日において成年に達するものとする」こと(同条2項)、ただし、改正前753条の成年擬制の制度により成年に達したものとみなされた者については、「この法律の施行後も、なお従前の例により当該婚姻の時に成年に達したものとみなす」こと(同条3項)が定められている。

3 成年年齢引下げの影響

民法の成年年齢を引き下げたことが、民法その他の法律にどの

第1章　婚姻法の改正（2018年）

ような影響を及ぼしたのか，以下にまとめる。

(1) 行為能力の制限

　未成年者は，行為能力が制限される。すなわち，未成年者が法律行為をする際には法定代理人の同意を得なければならず（5条1項本文），同意を得ずにされた法律行為は取り消すことができる（同条2項）。ただし，単に権利を得，または義務を免れる法律行為については法定代理人の同意は不要とされ（同条1項ただし書），また法定代理人が目的を定めて処分を許した財産は，その目的の範囲内において未成年者が自由に処分することができるほか（同条3項前段），目的を定めないで処分を許した財産についても，未成年者が自由に処分することができるものとされている（同項後段）。

　また，法定代理人により一種または数種の営業を許された未成年者は，その営業に関しては成年者と同様の行為能力が認められる（6条1項）。もっとも，未成年者がその営業に堪えることができない事由があると認められるときは，法定代理人はその許可の取消しや制限が可能とされる（同条2項）。

(2) 親権・未成年後見に服すること

　「成年に達しない子」すなわち未成年の子は父母の親権に服する（818条1項）。親権の効力とされる，①子の監護および教育の権利義務（820条），②居所の指定（改正前821条・改正822条），③懲戒権（改正前822条・改正後削除）④職業の許可（823条1項），⑤財産の管理及び代表（824条）のほか，⑥未成年の親権者に代わる親権の行使（833条）など，親権者は未成年の子の利益のためにその権限を行使し，未成年の子はその権限行使の影響を受ける。

また親権者がいないかあるいは親権者がいても管理権を有しないときは，未成年者について後見が開始する（838条）。未成年後見の内容についてはここでは詳述しないが，未成年後見人は，上記①から④の事項について親権者と同一の権利義務を有するものとされる（857条本文，ただし，同条ただし書も参照）。また未成年後見人は未成年被後見人の財産を管理および代表する権限があり（859条1項），未成年被後見人に代わり親権を行使する（867条1項）。したがって未成年の被後見人はこれら未成年後見人の権限行使の影響を受ける。

(3) 養親年齢

　養親となることができる年齢（792条），およびこれに違反した縁組の取消しについての規定（804条）については，改正前法は「成年」と規定していたものを，改正後は「20歳」と改めた。成年年齢の引下げの影響を受けないようにするための措置である。養親年齢は，他人の子を法律上自己の子とし，これを育てるのに適した年齢を定めており，行為能力を制限する年齢や，親権の対象となる年齢と一致させる必要は必ずしもないこと，他人の子を法律上自己の子として育てるということは相当な責任を伴うことであること，20歳で養子をとることができるという当時の現状で特段不都合は生じていないことから，当時の現状を維持すべきとの結論に達したものである（最終報告書23頁）。

(4) その他の民法上の未成年の扱い

　未成年者に触れるその他の民法の規定としては，①法定代理人のいない未成年者の時効の完成猶予（158条），②不法行為における責任無能力（712条），③認知能力（780条），④未成年養子の縁

組（795条・798条・811条の2），⑤後見人・後見監督人の欠格事由（847条1号・852条），⑥遺言の証人および立会人（974条1号），⑦遺言執行者の欠格事由（1009条）などがあり，それらの条文の「未成年者」は，改正前には20歳未満を意味していたのが，改正後は18歳未満を意味することになる。もっとも，②は未成年者であっても責任弁識の知能を備えていれば責任を負い（712条），成年者であっても精神上の障害により責任弁識の能力を欠く場合は責任を免れるから（713条），成年年齢の問題は実際上生じないし，③についても，意思能力ある未成年者であれば認知能力が認められるので，実質的には成年年齢は問題とならない。

なお，未成年者の婚姻に関する規定は，Ⅲで詳述する。

(5) その他の法律

民法の成年年齢の引下げについて，民法以外の法律にどのような影響があったかを，簡単にまとめておく。

（i）2018年改正の際に，それまで条文に「未成年」と定められていたものを「20歳」に改めることで，成年年齢引下げの影響を回避した法律がいくつか存在する。

未成年者喫煙禁止法（明治33年法律第33号）は20歳未満ノ者ノ喫煙ノ禁止ニ関スル法律と，未成年者飲酒禁止法（大正11年法律第20号）は20歳未満ノ者ノ飲酒ノ禁止ニ関スル法律にそれぞれ改められた。あわせて酒税法（昭和28年法律第6号），酒税の保全及び酒類業組合等に関する法律（昭和28年法律第7号），たばこ事業法（昭和59年法律第68号）にも必要な法改正が行われている。

競馬法（昭和23年法律第158号）28条は，「未成年者」の勝馬投票券の購入や譲受けを禁止していたが，「20歳未満の者」に改められた。同様の改正は，自転車競技法（昭和23年法律第209号）9

条，小型自動車競走法（昭和25年法律第208号）13条，モーターボート競走法（昭和26年法律第242号）12条でも行われている。

このほか，アルコール健康障害対策基本法（平成25年法律第109号）2条も，「未成年者」とあるところを「20歳未満の者」と改めた。

(ii) 他方で，成年年齢引下げに伴い，いままでは20歳を境としていた要件を18歳に引き下げた法律もある。

水先法（昭和24年法律第121号）の水先人の登録要件（15条1項2号イ）等，国籍法（昭和25年法律第147号）の国籍取得要件（3条1項），帰化要件（5条1項2号），国籍選択要件（14条1項），国籍再取得要件（17条1項）等，社会福祉法（昭和26年法律第45号）の社会福祉主事の要件（19条1項），旅券法（昭和26年法律第267号）の一般旅券発行の要件（5条1項2号），性同一性障害者の性別の取扱いの特例に関する法律（平成15年法律第111号）の性別取り扱い変更審判の要件（3条1項1号）などである。このほかにも，船舶職員及び小型船舶操縦者法（昭和26年法律第149号），船舶安全法及び船舶職員法の一部を改正する法律（平成3年法律第75号）がこれに当たる。

(iii) このほか民法の改正に伴い，社会福祉法，恩給法等の一部を改正する法律（昭和51年法律第51号），児童虐待の防止等に関する法律（平成12年法律第82号），インターネット異性紹介事業を利用して児童を誘引する行為の規制等に関する法律（平成15年法律第83号），公職選挙法等の一部を改正する法律（平成27年法律第43号）にも手が加えられているが，いずれも民法の改正に直接関係するものではないので，詳細は省略をする。

(6) その他

その他議論された点として，子の養育費について「子が成年に達するまで養育費を支払う」との取決めがされている場合などに，成年年齢が引き下げられることにより影響を受けないかといった問題が挙げられる。取決めがされた時点で成年年齢が20歳であったのであれば，その取決めの趣旨は子が20歳に達するまで養育費を負担することだと考えられるから，成年年齢引下げの影響を受けることはないと考えられる。また，養育費の支払期間は当事者の合意により定める事柄であるから，子が成年に達したからといって養育費の支払義務が当然に消滅するといったことはなく，実際に子が成人しても大学卒業までは養育費を支払うという取決めも珍しくない。

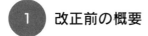

III 婚姻適齢の引上げ

1 改正前の概要

(1) 男女で区別される婚姻適齢

改正前法は，「男は，18歳に，女は，16歳にならなければ，婚姻をすることができない」と定め（改正前731条），また「未成年の子が婚姻をするには，父母の同意を得なければならない」としていた（改正前737条1項）。ただし，「父母の一方が同意をしないとき」や，「父母の一方が知れないとき，死亡したとき，又はそ

の意思を表示することができないとき」には,「他の一方の同意だけで足りる」とされていた(同条2項)。これらの規定に違反する婚姻の届出は,受理されない(改正前740条)。

改正前法が,婚姻適齢に男女間の差を設けているのは,男女間で心身の発達に差異があるためであるとされていた。このような考え方に対して,「社会・経済の複雑化が進展した今日では,婚姻開始年齢の在り方に関しても,社会的,経済的な成熟度をより重視すべき」であり,そうであれば男女間に特段の違いはないと考えられることなどから(笹井朋昭=木村太郎編著『一問一答 成年年齢引下げ』(商事法務,2019年)48頁),婚姻適齢の男女間の差異をなくすべきであるという考え方が以前から存在した。1996年2月26日に法制審議会が決定した「民法の一部を改正する法律案要綱」では,女性の婚姻適齢を18歳に引き上げることがすでに提案されている。これを受けて,2009年の「民法の成年年齢の引下げについての最終報告書」では,婚姻適齢の引上げにも言及しており,男女とも18歳にそろえるべきであると結論づけている(報告書23-24頁)。

(2) 成年擬制

改正前法では,「未成年者が婚姻をしたときは,これによって成年に達したものとみなす」と規定している(改正前753条)。親権者の同意のもとで未成年者が婚姻すると,20歳未満の者であっても成年に達したものと擬制されることにより,単独で取引をしたり,自らの判断で職業に就いたりする能力も同時に獲得することになる。

改正前法が,婚姻による成年擬制の効果を認めた理由については,①婚姻の独立性を担保するため,あるいは婚姻生活に対する

第 1 章　婚姻法の改正（2018 年）

外部からの干渉を排除するためとする説明と、②婚姻を精神的成熟の証しとする説明が存在した（青山道夫＝有地亨編『新版注釈民法(21)』（有斐閣，1989 年）377 頁〔中川高男〕）。また通説では，いったん婚姻すると離婚後も成年擬制の効果が継続すると考えられていたが，離婚後は成年擬制の効果は及ばないとする学説も存在した（四宮和夫＝能見善久『民法総則〔第 9 版〕』（弘文堂，2018 年）47 頁）。

 ## 改正の内容

改正により，婚姻適齢は男女とも 18 歳とされた（現 731 条）。未成年者に婚姻能力が否定されたことに伴い，未成年者の婚姻について父母の同意を求める改正前 737 条，婚姻擬制について定める改正前 753 条は削除された。

なお経過措置として，施行日前に婚姻をし，成年に達したものとみなされた者については，改正法施行後も，従前の例により当該婚姻の時に成年に達したものとみなされる（改正法附則 2 条 3 項）。改正法施行日である 2022 年 4 月 1 日より前に未成年で婚姻をした者については，すでに成年擬制の効果が生じているところ，改正法の施行によりその効果が消失するのは適当でないと判断されるためである（前掲『一問一答　成年年齢引下げ』69 頁）。また，施行日に 16 歳以上である女性は，改正法の施行後も 18 歳未満で婚姻をすることができるものとされた（改正法附則 3 条 2 項）。改正法施行の際に 16 歳に達している女性の中に，18 歳以前に婚姻をすることを予定している者が存在する可能性を考慮し，改正法の施行によりその予定を妨げることは相当でないと考えられたためである（前掲『一問一答　成年年齢引下げ』71 頁）。このような女性

については，改正前753条の規定も効力を有するものとされる（改正法附則3条3項）。

IV　縁組能力ほか

　養子縁組には，当事者の合意が必要であるが，797条1項は，「養子となる者が15歳未満であるときは，その法定代理人が，これに代わって，縁組の承諾をすることができる」と定める。「できる」と書かれているが，15歳未満の者の縁組については，必ず法定代理人の代諾によらなければならないと解されており，意思能力がない場合はもちろん，意思能力がある15歳未満の子どもについても，単独では縁組をなしえないと説明されてきた（中川善之助＝山畠正男編『新版注釈民法(24)』（有斐閣，1994年）207-208頁〔中川良延〕）。この規定の元は戦前の明治民法843条にあるが，起草者の説明をみると，そこでは15歳未満の幼い子どもの意思によって養子縁組をさせることの危険性が指摘されている（梅謙次郎『民法要義　巻之四　親族編』（有斐閣，1910年）296頁）。

　15歳に達すれば，養子となる者自身の承諾により縁組をすることができる。ただし，798条は，「未成年者を養子とするには，家庭裁判所の許可を得なければならない」と定め（自己または配偶者の直系卑属を養子とする場合は除く），15歳未満かどうかにかかわらず，縁組が養子となる者の利益にかなうかを家庭裁判所がチェックするようになっている。

　今回の改正で成年年齢が引き下げられると，15歳から17歳までの若者は，養子縁組について家庭裁判所の許可を得たうえで自ら承諾することになるが，18歳に達すると，自らの意思のみで

養子縁組をして養子になることができることになる。なお，養親になりうる年齢については，Ｉ3(3)を参照。

　このほかにも，791条3項は，父または母と氏を異にする子が，自らの判断で氏を変更することができる年齢を，15歳としている。

〔山下　純司〕

第 2 章

養子法の改正
(2019 年)

第 2 章 養子法の改正（2019 年）

Ⅰ 養子の年齢制限の緩和

改正のポイント

□特別養子縁組が成立するための養子となる者の年齢について，原則として家庭裁判所への縁組成立審判申立て時に 6 歳未満，例外的に 8 歳未満とした改正前民法の規律を大幅に緩和して，原則として成立審判申立て時に 15 歳未満，例外として 18 歳未満とした。

1 制度・問題の概観

(1) 改正前民法の問題点

　特別養子縁組とは，養子となるべき者と実方の血族との親族関係を終了させ，養親との間で嫡出関係を成立させる制度であり，昭和 62 年の民法等の一部を改正する法律によって新設された（817 条の 2，809 条）。普通養子縁組が基本的に当事者の意思のみで成立させることができるのに対して（797 条 1 項），特別養子縁組を成立させるには家庭裁判所の審判が必要となる点で異なる。

　そして，2019 年改正前民法においては，特別養子縁組の成立には以下の要件を満たす必要があった。まず，形式的要件としては，養親となる者に配偶者があること，養親と養子双方の年齢要件を満たすこと，さらに，実質的な要件として，実父母による監護が著しく困難又は不適当であること，その他特別の事情がある場合で，子どもの利益のため特に必要があることである。このう

ち，養親となる者は審判成立時に 25 歳に達していることが必要であるが，養親となる夫婦の一方が 25 歳に達していない場合は，その者が 20 歳に達していれば足りた（2019 年改正前民法（以下旧民法）及び現行 817 条の 4）。また養子となる者は，原則として，特別養子縁組の審判申立てのときに 6 歳未満であることが必要であったが（旧民法 817 条の 5 本文），子どもが 8 歳未満であっても，6 歳に達する前から引き続き養親となる者に養育されている場合は例外が認められていた（同条ただし書）。

立案担当者によると，養子となる者の年齢を，原則として審判申立て時に 6 歳未満とした趣旨は以下のようなものである。すなわち，養親と養子との間に実親子と同様の実質的親子関係の形成が期待できるのは，養子となる者が幼少の時から監護養育を始めた場合であるところ，養子となる者が 6 歳を超えている場合には実親との関係が実質的なものとなっており，養親との間の実質的親子関係の形成や，実親子関係の断絶が相当でない場合もある。加えて，養子となる者の地位が早期に確定することが望ましいこと，就学して分別のある子については実親子関係の断絶が望ましくない場合も考えられること，普通養子縁組は常に可能であるので特別養子縁組は妥当性が明確である場合に限るのが相当であることも理由として挙げられている。もっとも，将来的に特別養子縁組制度が社会的に定着して，制度の理念が国民に広く理解されるようになれば，養子となる者の対象者を拡大することも十分考えられるとされていた[1]。

ところで近年，社会的措置がとられた児童，例えば乳児院・児童養護施設に入所している児童の中には，6 歳に達していても特別養子縁組を成立させて，養親家庭での養育を受けることが必要となる者が一定数いるにもかかわらず成立させることができない

といった指摘が見られるようになった。これらの児童は，長期間にわたり実親との面会交流がなかったり，将来的に家庭復帰が見込まれないといった事情があるため，特別養子縁組を検討するのが望ましいものの，養子となる者の年齢の上限その他の法律上の要件を満たさないために特別養子縁組の利用を検討することができなかったというものである[2]。

　また，諸外国においては，実方親族との関係が終了する養子縁組につき，養子となる者の上限年齢が高く設定されている例もあり[3]，特別養子縁組についても養子となるべき者の年齢を見直す必要性があるとの声が高まっていた。

(2) 改正前民法の問題点の指摘と民法改正に向けた動き

　特別養子縁組については，養子となるべき者の年齢のほか，その成立手続についても見直すべき点があるとして，問題点を整理するための検討が始められた。例えば，2015 年 8 月 28 日に，厚生労働省の社会保障審議会児童部会「児童虐待防止対策のあり方

---

1) 細川清「養子法の改正」ジュリスト 894 号 50 頁，同「改正養子法の解説（三）」法曹時報 41 巻 6 号 49 頁，同『改正養子法の解説』〔法曹会，1993 年〕所収）。ただし中間試案の段階では縁組申立て時に 12 歳未満とする案も出されていたことにつき，同「改正養子法の解説（一）」法曹時報 40 巻 2 号（1988 年）12 頁，同（三）51 頁。なお，申立て時を基準としたのは，申立て後に家庭裁判所の裁量によって具体的な期間が定められる試験養育を経なければならないので，その期間の長短で縁組の成否に影響を与えないためである（同 50 頁）。
2) 厚生労働省の「児童虐待対応における司法関与及び特別養子縁組制度の利用促進の在り方に関する検討会」の報告書（2017 年 6 月 30 日）4 頁参照。
3) 床谷文雄ほか「特集 養子制度の国際比較研究」民商法雑誌 138 巻 4・5 号（2008 年）407 頁等。

に関する専門委員会」は，その報告書[4]において，「現状の特別養子縁組制度は，年齢に制限があり，また，児童相談所からの申し立てができない。このため，子どもの福祉の視点から特別養子縁組制度について，普通養子縁組制度との関係，家族関係法制全体との関係，縁組成立後の養親及び子どもに対する支援策などの課題を整理していくことが必要」であると指摘していた。この報告書を受けて設置された社会保障審議会児童部会「新たな子ども家庭福祉のあり方に関する専門委員会」が2016年3月10日にとりまとめた報告（提言）[5]では，特別養子縁組制度が，「子どもへの永続的な家庭の保障という観点から，社会的養護を要する子どもにとって……極めて重要な意味を持つものである」としたうえで，特別養子縁組をあっせんする手続や縁組成立後の養親子家庭に対する支援の仕組みは，明確には法定されていないことから，特別養子縁組の推進について，児童相談所が取り組むべき重要な業務として，児童福祉法上に位置付けるべきであるとし，さらに，養子縁組里親については，研修や認定等のあり方を見直すことが必要であるとした。そして，以下のような意見を踏まえつつ，関係機関と調整のうえ，可及的速やかに検討を開始すべきであるとしていた。

その意見の中には，養子となる者の年齢要件の見直しや特別養子縁組の成立手続の見直しを求めるものもあった。例えば，原則6歳未満とする年齢制限については，子どもに永続的な家庭を保障するという視点から，児童福祉法が対象とするすべての年齢の子どもが対象となるように見直すべきとの意見である。また，特

---

4) https://www.mhlw.go.jp/stf/shingi2/0000095738.html
5) https://www.mhlw.go.jp/stf/shingi2/0000116162.html

別養子縁組の成立手続については，父母の同意がない場合には，後日実父母からの不当な攻撃や要求のおそれがあるため，養親が申し立てる際の心理的な負担は極めて大きく，現在の手続を，特別養子縁組候補児の適格性を判断する手続（実親との法的親子関係を解消させる手続）と，特定の養親候補者との間の養子縁組の適否を判断する手続（養親との法的親子関係を生じさせる手続）に分け，前者については児童相談所長に申立権を付与すべきとの意見もあった。

このような意見や提言は，児童虐待防止対策の一環として出されたものであり，児童福祉法等の一部を改正する法律（平成28年法律第63号）の附則2条1項で，特別養子縁組制度の利用促進の在り方について検討を加え，必要な措置を講ずるべきものとされた。

それを受けて，厚生労働省で「児童虐待対応における司法関与及び特別養子縁組制度の利用促進の在り方に関する検討会」（以下「厚労省検討会」とする）が立ち上げられ，2017年6月30日には，報告書として「特別養子縁組制度の利用促進の在り方について」（以下「厚労省報告書」とする）がまとめられた。それに続き，公益社団法人商事法務研究会の「特別養子を中心とした養子制度の在り方に関する研究会」[6]（以下「養子研究会」とする）が立ち上げられ，2018年6月に「特別養子を中心とした養子制度の在り方に関する研究会中間報告書」（以下，「中間報告書」とする）が公表された。

その後，2018年6月に法務大臣の諮問に応じて法制審議会特別養子制度部会での調査審議が開始され，同年10月には「特別

---

6) https://www.shojihomu.or.jp/list/tokubetsuyoshi

養子制度の見直しに関する中間試案」(以下「中間試案」とする)が，2019年1月には「特別養子制度の見直しに関する要綱案」(以下「要綱案」とする)がとりまとめられ，2月に総会で要綱として承認され，それに基づく民法改正法案が6月に可決された[7]。以下では改正に至るまでの厚労省検討会，養子研究会，法制審議会における，特別養子縁組の年齢要件をめぐる議論状況と改正法の概要について紹介する。

 民法改正までの検討状況と改正法の概要

(1) 厚労省検討会

　厚労省検討会による厚労省報告書では，一般的に年齢が大きくなるほど親子関係の形成が難しくなることを踏まえつつ，以下のような見解が示されていた。

　一つは，成立年齢の上限である原則6歳未満の要件を基本的に維持しつつも，例外年齢である8歳未満の要件を引き上げる考え方である。例えば，子どもが6歳未満の間に養育を開始し，その後養育を継続した場合には，子どもが18歳未満であれば申立てを認めるというものである。この見解には，子どもに物心がつく前に親子関係の形成を開始できるという利点があるが，その一方で低年齢で養育開始がされないと家庭養育の機会が制限されるうえ，児童・養親となる者・実親の地位を早期に確定することが難しくなるため，結果として児童の福祉を害するおそれもあるとの

---

7) 改正の経緯については，山口敦士「特別養子縁組制度の改正」論究ジュリスト32号 (2020年) 18頁。

指摘もあった。

　もう一つは，原則と例外を区別することなく，最低年齢を引き上げる考え方である。この中には，すべての子どもに永続的な家庭養育の機会を与えることができるよう，児童福祉法上の児童の範囲にそろえて 18 歳未満であれば足りるとする考え方や，普通養子縁組で養子となる者のように，身分行為の当事者が 15 歳以上の場合は，当事者本人の意思が相応に尊重されることから，特別養子縁組の養子となる者も 15 歳未満とすべきとの考え方も見られた。これらの考え方によると，高年齢の子どもに対しても，永続的な家庭で養育を受ける機会を与えることができるが，養子縁組の申立時期は早い方がよいことには変わりがなく，申立てが遅れることのないようにする必要があるとか，実父母との法的関係を断つという重大な決断を伴うことになるため養子本人の意思をどのように扱うかという課題も指摘されていた。

(2) **養子研究会**

　養子研究会の中間報告書でも大きく 2 つの案が示されていた。第 1 案は，養子となる者の年齢につき，特別養子縁組成立の審判申立て時に 12 歳未満とするものである（第 1-1 案）。その中には，原則として審判申立て時に 12 歳未満，例外としてその者が 12 歳に達する前から引き続き養親となる者に監護されている場合には 15 歳未満であれば養子となることができるという修正案もあった（第 1-2 案）。第 2 案は，成立審判の申立て時に 15 歳未満とするものである。

　いずれも，6 歳以降でも養育里親に委託された場合，養子となる者がある程度の年齢に達していても実方父母による虐待の態様等から実親子関係を終了させることが望ましい場合，実方父母と

連絡をとることができない場合などにも特別養子縁組の道を開くものである。そして上限年齢を15歳としたのは，15歳以上であれば自ら単独で普通養子縁組をすることができるので，子の意に反して身分関係により重大な影響を及ぼす特別養子縁組をするのは合理的ではなく，また15歳以上の者の意思を反映させるのは酷だからである。

　そして，第1-1案は，特別養子縁組で期待される，養親子間での親子としての継続的な愛情形成の蓋然性が高い，小学校卒業ごろまでの時期を目安とするものであった。それ以降は子の意思を考慮せざるを得ず，子に実方父母との関係を終了させる判断を強いることになり相当ではないからである。他方で第1-2案は，12歳未満から監護されている場合には15歳に達するまでは特別養子縁組を認めるものである。この案によると監護開始から特別養子縁組の申立てまでの期間が長期になるという問題があるが，養親子間の継続的な愛情が形成される蓋然性をめぐっては，申立ての時期ではなく監護の開始時期が重要であることや，監護の開始時期が12歳になる少し前であった場合にも，特別養子縁組の申立てまでに相当な期間を確保する必要性に配慮したものである。

　第2案は，養子となる者が12歳以降で監護が開始された場合であっても継続的な愛情形成は可能であるとしつつも，特別養子縁組が，家庭復帰が困難な子に適切な養育環境を提供するものである以上，養親のもとでの養育期間があまりに短い場合に利用するのは適切ではないこと，養子となるものが15歳以上であれば自らの意思で単独で普通養子縁組をすることができることとの均衡に配慮して15歳を上限とする考え方である。

　ちなみに，養子となる者の上限年齢を引き上げる場合には，派生して養親となる者の年齢も併せて引き上げる必要があるのかと

いう問題が生ずる。場合によっては養親と養子との間の年齢差が著しく近くなる可能性があるからである。そもそも養親となる者の年齢について原則25歳以上とした（817条の4）趣旨は，特別養子縁組が，低年齢の養子を将来にわたり確実に監護養育することを目的とするものであり，そのためには，養親となる者が精神的，社会的に相当程度成熟しており，十分な監護養育の能力を備えていることが必要であることや養親と養子との間に実親子間と同様の年齢差があることが望ましいという点にあった[8]。

　養子研究会においては，子の健全な養育という目的を達成し，また，養親子間に親子としての愛情を形成するためには，特別養子縁組をした養親と養子との間に実親子間と同様の年齢差があるのが望ましいと考えられるとして，第1案として，養親と養子との間に18歳以上の年齢差がなければならないなどの規定を設ける案が出されていた。その一方で，第2案として，実際に養親と養子の年齢差は30歳以上である例が多いこと，年齢差が小さく養子の利益に反することが予測される場合には，縁組の必要性を欠くとすることで対応できるとして，特に年齢差について規定を置かない案も出されていた。

(3) 法制審議会

　法制審議会の中間試案では，養子となる者の年齢を，原則として，特別養子縁組の審判申立て時に8歳未満としたうえで，例外的に審判の申立て時に13歳未満であっても8歳に達する前から引き続き養親となる者に監護されている場合も対象とする甲案と，請求（審判の申立て）時に13歳未満とする乙案が示されていた。

---

8)　細川・前掲（三）46頁。

ただし，いずれも成立時に15歳に達していないことを要件としていた。

さらに，養子となる者が請求時に15歳未満であることを原則としつつ，例外として，15歳に達するまでに引き続き養親となる者に監護されている者で，15歳に達した後に申立てをすることにやむを得ない事情がある場合に18歳未満の者についても縁組の対象としつつも，縁組成立時に養子となる者が15歳に達するときは養子となる者の同意を要件とする丙案もあった。

甲案は小学校低学年ごろまでに養子縁組を可能とするものであり，実親子間と同様の実質的親子関係の形成を制度趣旨としつつ，年齢が高くなると成立件数が少なくなることや子の地位を早期に確定する利益があることに配慮するものであった。やむを得ない事情がある場合には例外が認められるが，その例としては，例えば，①兄弟姉妹のうち兄又は姉は上限年齢を超過しているが，弟又は妹は上限年齢を超過していない場合，弟又は妹について特別養子縁組をするときに兄又は姉についても共に特別養子縁組をすることが望ましい事例，②実親が特別養子縁組の成立に同意するか否かについて明確な態度を示さなかったために，申立てに踏み切れずに子が上限年齢を超過してしまった事例，③子が上限年齢を超過した後で虐待を受けた事例等が指摘されていた。ただし，新たに実親子間と同様の実質的親子関係を形成することが可能である年齢については明確ではなく，8歳を基準とすることについての合理的な説明が困難であるという指摘や，8歳未満の時から引き続き養親となる者に監護されている場合のほか，やむを得ない事由があるときには8歳に達した後から監護が開始された場合でも養子縁組を可能とすることで，制度趣旨・目的との関係で整合性を保つことができるのかといった指摘も示されていた。

乙案は，養子となる者が中学入学ごろまでは特別養子縁組の審判申立てを可能とするものであり，現行法よりも幅広い年齢層の子に特別養子縁組の機会を提供しつつ，子の地位の早期安定にも配慮するものであった。

そして丙案は，成年に達する前のできる限り幅広い年齢層の子に特別養子縁組の機会を提供することを目的とするものであるが，その一方で普通養子縁組との関係に配慮する必要も指摘されていた。

養親と養子との間の年齢差要件については，検討を要するとしつつも，中間試案には含まれなかった。これは養親と養子とが親子としての関係を構築することができるか否かは，養親の年齢や養子との間の年齢差という形式的な要素よりも，養親となる者の健康状態・精神的成熟度や，養子となる者との関係等，個別の事情によるところが大きいと考えられること，実務上養親となる者の大半は30歳から49歳までであり，養子となる者の上限年齢を引き上げても相応の年齢差が確保される例がほとんどであると見込まれること，「親子らしさ」のあり方は時代とともに変わりうるものであり，養親子間の年齢差として何歳程度が適切であるのかを法律で一義的に決定するのは困難であると考えられることによる。

(4) 改正法の内容

以上のように，特別養子縁組の養子及び養親となるべき者の年齢の引上げをめぐって様々な考え方が示されていたが，法制審議会で取りまとめられた要綱案と要綱に基づく改正法では，養子となる者は，特別養子縁組の請求，すなわち成立の審判の申立ての時に15歳未満でなければならないとしつつも（817条の5），養子

となる者が，15歳に達する前から引き続き養親となる者に監護されており，かつ，15歳に達するまでに特別養子縁組の成立審判の申立てがされなかったことについてやむを得ない事由がある場合には，例外が認められる。ただし，いずれの場合でも，特別養子縁組の成立の審判の確定までの間に養子となる者が18歳に達したときは，その者は養子となることができない。さらに家庭裁判所は，養子となる者が15歳に達している場合においては，その者の同意がなければ特別養子縁組を成立させることができない。そして，養親と養子の年齢差要件については特に規定は設けられず，家庭裁判所が総合的に判断することとなった[9]。

　まず，養子となる者の上限年齢については，原則として，特別養子縁組の審判申立て時に15歳未満であれば足りるとされた（817条の5第1項）。15歳に達すると，自らの意思で法定代理人によらず普通養子縁組をすることができる（797条参照）ので，15歳に達している者について自らの意思によらず，家庭裁判所の審判で縁組を成立させることは原則として不適当であるからである。また，遅くとも義務教育期間中には特別養子縁組の成立の申立てができるように促すとともに，特別養子縁組成立後に一定の養育期間が確保されるようにする必要があるからである[10]。

　他方で，養子となる者が15歳に達する前から引き続き養親となる者に監護されており，かつ15歳に至るまでに特別養子縁組の成立の審判の申立てがされなかったことについてやむを得ない事由がある場合には，例外的に18歳まで引き上げることが認められている（民817条の5第2項）。やむを得ない事由の判断は，

---

[9] 山口敦士＝倉重龍輔編著『一問一答　令和元年民法等改正──特別養子制度の見直し』（商事法務，2020年）28頁。

[10] 山口・前掲20頁，山口＝倉重・前掲20頁。

最終的には裁判所に委ねられるが、限定的に解釈すべきであり、例えば養親となる者が養子となる者の養育を開始してから十分な熟慮時間がないうちに養子となる者が 15 歳に達してしまったといった例外的な場面に限られるものとされている[11]。

その一方で、特別養子縁組成立までに 18 歳に達した場合には養子となることはできない（民 817 条の 5 第 1 項後段）。特別養子縁組は基本的に未成年者に家庭で養育される機会を与える制度であり、成人年齢が 2022 年 4 月に 18 歳に引き下げられることも併せて考えると、18 歳以上の者に特別養子縁組の機会を与えることは相当ではないからである[12]。養子となるべき者の上限年齢を判断する基準時は養子縁組の成立が確定した時点である。そのため、養子縁組を成立させる審判が出されても、上訴がされているうちに養子となる者が 18 歳に達する可能性があるが、その場合には当該審判は確定せず、家庭裁判所が職権で審判を取り消すものとされている（家事 164 条 13 項）。

なお、養子となる者の上限年齢が引き上げられたことに伴い、養子縁組の成立手続にあたり、養子となる者の意思を尊重することが求められるようになった。子が 15 歳に達した場合には、普通養子縁組を自らの意思ですることができるので、審判による特別養子縁組の場合であっても子の意思を尊重するのが適当だからである[13]。そのため、養子となる者が 15 歳に達している場合には、養子となる者の同意が必要とされ（817 条の 5 第 3 項）、その者の陳述も聴かなければならない（家事 164 条 6 項 1 号、164 条の 2 第 6 項 1 号）。さらには審判の告知の対象にもなる（家事 74 条 1 項、

---

11) 山口・前掲 21 頁、山口＝倉重・前掲 23 頁。
12) 山口・前掲 21 頁、山口＝倉重・前掲 24 頁。
13) 山口・前掲 21 頁、山口＝倉重・前掲 26 頁。

164条9項)。

これに対して，養子となるべき者の年齢が15歳未満である場合でも，家庭裁判所は，子の陳述の聴取，家庭裁判所調査官による調査その他の適切な方法により，子の意思を把握するように努める必要があり，子の年齢及び発達の程度に応じて，その意思を考慮しなければならない[14]（家事65条)。

ちなみに，養子となる者の年齢が引き上げられたことを受けて，家事事件手続法を改正して，行為能力がなくても手続行為ができるとした（家事164条5項，164条の2第4項，235条，118条）。

(5) 実務上の課題

養子となるべき者の上限年齢は大幅に引き上げられたが，養親と養子との間の愛情を長期にわたって形成しているためには，特別養子縁組が成立する際の養子の年齢が低い方が望ましいことは言うまでもない。そのため，特別養子縁組を成立させることが望ましい子について，なるべく早く養子縁組の成立審判の申立てができるようにする必要がある[15]。

また，特別養子縁組の成立審判が確定するまでに養子となる者が18歳に達した場合には特別養子縁組ができなくなるため，家庭裁判所の審理やその後の上訴手続に漫然と時間を費やして，養子となるべき者が年齢要件を満たさなくなる事態を避けるよう努めなければならない。

---

14) 山口・前掲21頁，山口＝倉重・前掲27頁。後述（Ⅱ2(4)）の第1段階でも第2段階でも。

15) 磯谷文明「特別養子縁組制度の課題——実務の視点から」論究ジュリスト32号（2020年）32頁。

II 手続の整備

改正のポイント

□特別養子縁組を，実親の養育状況や同意の有無等を審理して，特別養子適格を確認する審判と，養親となる者と養子となる者との適合性を審理して特別養子縁組を成立させる審判の2段階の審判で成立させることとした。
□第1段階の審判については，養親となる者以外にも，児童相談所長も申立てができることとした。
□第2段階の審判手続は養親となる者が申し立てるが，児童相談所長も手続に参加できるようにする一方で，実親は参加できないものとした。
□実親による同意の撤回を一定の場合に制限することにした。

1 制度・問題の概観

　特別養子縁組を成立させるためには家庭裁判所の審判が必要であるが（817条の2），この審判の申立て，審理のあり方をめぐっても様々な課題があった。

　まず，特別養子縁組成立の審判の申立ては養親となる者によって行われる必要があるが（817条の2），養親となる者にとってこの申立ては負担が大きく，申立てを躊躇する原因となっていた。例えば，養親となる者は審判に際して，実親の養育状況について事実上立証が求められる場合があるが，そのような資料を持ち合わせているとは限らない。また，養親となる者が，実親と対峙し

たり，実親に（申立書に記載した）本籍や住所地などの個人情報を知られる可能性があり，申立ては大きな心理的負担を伴うものであった[16]。

　また，特別養子縁組は，実親による子の監護が著しく困難又は不適当であることその他特別の事情がある場合に成立させることができるが（817条の7），この要件該当性は，家庭裁判所の終局審判によって初めて明らかになるものであった。その一方で，養親となる者は，家庭裁判所が終局審判をする前に，養子となる者を6か月以上の期間，監護しなければならず（試験養育），家庭裁判所はこの試験養育の状況を考慮して審判をすることになる（817条の8）。そのため，試験養育の期間がある程度進んでいても，家庭裁判所が実親につき特別の事情がないとして縁組の成立を認めなければ，試験養育が空振りに終わる事態が起こりえた。

　さらに，特別養子縁組を成立させるためには，原則として養子となる者の実親の同意が必要であるところ（817条の6），この同意をする時期については制限はなく，審判時に存在すれば足り，同意をしても縁組成立の審判が確定するまでは自由に撤回することができると解されていた[17]。同意の時期について制限を設けなかったのは，いったん同意しても審判確定までは自由に同意を撤回できるとするとともに，6か月以上の試験養育を必要とすることで（817条の8），不用意な同意を防止することができると考えられたからである[18]。また，不用意な同意を防止するためには同意の撤回を認めるのが適当であることに加えて，当時の児童相談

---

16) 山口・前掲21頁，22頁。
17) 東京高決平成2年1月30日家月42巻6号47頁。細川・前掲（三）59頁。
18) 細川・前掲（三）59頁。

第 2 章　養子法の改正（2019 年）

所などの関係機関の現状からすると同意の撤回の制限を設けることは困難であるとして，撤回制限も設けられていなかった[19]。

そのため，あらかじめ縁組に同意していた実親が，審判の途中で翻意をして同意を撤回することで，試験養育期間中の養親となる者の地位を不安定にするとともに，養子候補者の利益も損なう可能性があった。

社会保障審議会児童部会「新たな子ども家庭福祉のあり方に関する専門委員会」の報告（提言）において，以上のような問題があるために，実親による養育が難しい子どもについて，特別養子縁組ができないままに社会的養護にとどまる例が少なくないと指摘したうえで，その問題を解消するためには，現行の審判手続を，特別養子縁組候補児の適格性を判断する手続と，特定の養親候補者との間の養子縁組の適否を判断する手続に分け，前者については児童相談所長に申立権を付与するべきであると提言されていた。

また，厚労省報告書においても，「実父母の同意がない場合又は実父母の同意があるものの，後に翻されるおそれがある場合には，養親となる者による試験養育期間が順調に終わっても特別養子縁組の成立は保障されないことから養親となる者が実親との関係から審判の申立てを躊躇することがあり，また，養親となる者による養子となる者の養育が不安定な環境下となるなど，養親となる者に大きな負担がかかっているという指摘がある。さらに，養親となる者と養子となる者の関係が一定程度構築された後，実父母が同意を翻した場合には，その安定的関係が解消されるおそれがある」とする一方で，一定期間経過後は同意を撤回できなくなることに対する実父母の理解をどのように担保するかが課題で

19）　細川・前掲（三）60 頁。

あるとされていた。

民法改正までの検討状況と改正法の概要

(1) 厚労省検討会

　以上のような指摘を踏まえて，実親による同意の撤回に制限を加えて養親となる者の地位の安定を図るとともに，手続を2段階に分け，第1段階の申立人に児童相談所長を加えるなどして，養親となる者の申立ての負担を軽減する方向での検討が進められた。

　例えば，厚労省報告書においては，試験養育期間中に同意が撤回されて成立過程が不安定にならないように，同意の撤回についても，実父母の同意を公正証書などの書面による慎重な手続により得たうえで，一定期間経過後は同意を撤回できない仕組みを設けることが提案されていた。この方法によると，現行制度にある公正証書を活用できるという利点があるが，負担が重く逆に利用が抑制されうるという問題もあった。また，書面による同意を求める場合には，実父母が十分に納得したうえで行う必要があるほか，撤回制限の時期以降に実父母が翻意して養育可能な環境を整えても実子を養育することはできなくなるため，実父母の養育を最善とする考え方との齟齬が生じるという問題も指摘されていた。

　他にも，特別養子縁組の成立の手続を2つに分け，1段階目では子どもについて特別養子縁組を適当と判断する手続，2段階目は特定の養親となる者との間の特別養子縁組の適否を判断する手続とする考え方も示されていた。そして，養親となる者の負担を軽減するため，第1段階の手続の申立てを児童相談所長とし，第2段階の申立てをする者を身分関係の形成をする養親となる者と

して、第1段階で特別養子縁組が適当と判断された場合には、実父母の権限を停止することも示されていた。このようにすることで、試験養育期間が終了しても実父母の同意が翻されるなどして特別養子縁組の成立が認められないことを懸念して、申立てを躊躇することは避けられる。他方で手続を2段階に分けることで、第1段階で特別養子縁組が適当と判断されたにもかかわらず、第2段階で養親となる者がいないことなどの理由で特別養子縁組が成立しない場合もありうるので、子どもに不利益が生じないような制度設計にすべきという課題があるとしていた。

(2) **養子研究会**

以上のような課題を解決するために、養子研究会の中間報告書で、より具体的な案が示されていた。

例えば、同意の撤回について制限を加える方法として、実父母が子の出生から2か月を経過した日以後に、裁判所に対して書面で同意を提出したり、審問期日で同意をした場合には、その同意の撤回は一定期間（例えば6か月以内、3か月以内、2か月以内）にしなければならないとされた。

ただし、実父母に同意が撤回できないという不利益を課すためには、実父母に十分な説明をするなど、慎重な手続を経た同意であることが必要であるとの指摘もみられた。もっとも実務上は家庭裁判所調査官が実方父母と調査面接をして、養育できない事情、生活状況、経済状況を聴取し、特別養子縁組制度について説明をしたうえで、実方父母が縁組に同意をする場合には、面前で同意書を作成しており、そのような場合には、また裁判官の面前で同意をした場合には撤回が制限されてもやむを得ないとも指摘された。

その一方で，同意の撤回を制限する以上は，実父母の同意は冷静な判断ができる環境下でなければならないとして，出生後一定期間経過後にされたものという要件を設けるのが相当であるという考え方も示されていた。

　また，同意の形式についても，審判が係属する裁判所に対してする場合に限定するか，あるいは公正証書による場合も許容するかなどについても検討された。

　養子縁組の成立手続については，これを2段階に分け，第1段階は，実父母による養育が困難である又は不適当であることを判断する手続，第2段階は養親の適格性を判断する手続であるとして，第一段階では養親となるべき者以外にも，その主張立証の負担を軽減するため児童相談所長にも申立権を付与する案が示された。

　また，第1段階で，一方父母の同意の存在又は同意を不要とする事由の充足を確定し同意の撤回を制限するとともに，同意の要否について予測可能性を高めるために，例えば，実親が親権喪失審判を受けている場合には，特別養子縁組の成立には，当該父又は母の同意を不要とする見解，あるいは，同意がなくても養子縁組を成立させることができる事由が認められる場合に，養親となる者や児童相談所長の申立てにより，実親の同意を不要とする審判（同意権喪失審判）をするという見解も出され，さらに検討するものとされた。

(3) **法制審議会**

　法制審議会の中間試案においても，養親となる者による申立ての負担を軽減するため，実親の同意が覆されるのを防ぐための様々な方策が検討された。

第 2 章　養子法の改正（2019 年）

　まず，実親による同意の撤回を制限する方法として，家庭裁判所調査官による事実の調査を経たうえで家庭裁判所に書面を提出する場合又は審問期日において同意をした場合には，撤回は 2 週間か 2 か月が経過する日までにしなければならないという考え方が示された。また，審判申立て前でも子の出生から 2 か月が経過した日以後に公的機関（公証人，児童相談所長，裁判所，都道府県）においてした同意の撤回は，同意の日から 2 週間ないしは 2 か月が経過するまでにしなければならず，それ以後は同意から 2 年経過日までは撤回できないとする案が示され，その中でもそれ以外の同意については無効とする甲案と有効とする乙案が示されていた。

　検討の結果まとめられた要綱案では，同意の撤回について，同意をした日から 2 週間を経過するまでの間は撤回することができるが，同意が養子となるべき者の出生の日から 2 か月を経過した後にされた場合，家庭裁判所調査官による事実の調査を経たうえで家庭裁判所に書面を提出してされた場合や第 1 段階の審判事件における審問の期日においてされた場合には撤回できないとされた。

　養子縁組成立の審判手続を 2 段階に分けることや児童相談所長の参加についても検討が行われ，中間試案では手続を 2 段階に分け，それぞれ別個の申立てに基づいて審判をする甲案，2 段階審判を認めるが，1 個の申立てによる 1 個の事件として順次審理をする乙案，2 段階審判を認めず，中間決定（家事 80 条）を活用する丙案が示されていたが，最終的には甲案に沿った要綱案がまとめられた。

(4) 改正法の内容

(i) **2段階審判手続の創設**　要綱に沿って改正された民法では，養子縁組の成立について，実親についての要件を検討する第1段階と，養親についての要件を検討する第2段階の2つの審判に分ける2段階審判の方式を採用し，第1段階の審判については養親候補者以外にも児童相談所長にも申立権を認めたり，養親候補者が申し立てた手続について児童相談所長が参加できるようにしたことに加え，実親による同意の撤回時期に制限が加えられた。民法の改正に伴い，審判手続を規律する家事事件手続法や規則も整備された[20]。

まず，特別養子縁組の成立手続を2段階に分けた点から説明する。第1段階の審判は，新設された特別養子適格を判断するための手続である（家事164条の2）。この手続では，実親に関する要件，すなわち具体的には実親の同意についての民法817条の6の要件，同817条の7の特別の事情の要件について審理を行う。そして要件を満たせば，特別養子適格の確認審判（家事164条の2第1項）を行う。この確認審判は，第2段階の成立審判が係属する裁判所を拘束するとともに，第2段階の成立審判の段階でされたものとみなされる（家事164条7項）[21]。これまでの審判では，実親についての要件である特別の事情等と養親子の適合性を総合的に判断して養子縁組成立審判をしていたが，今後はそれぞれの要件を別個に，かつ段階的に審理することになる[22]。

第1段階の審判を申し立てることができるのは，養親候補者

---

20) 改正趣旨については山口＝倉重・前掲13-15頁。
21) 山口＝倉重・前掲36-37頁。
22) 山口＝倉重・前掲38-39頁。

(家事164条の2)と児童相談所長である(児福33条の6の4)が,養親候補者が申し立てた場合には児童相談所長は利害関係参加をすることも可能である(児福33条の6の5)[23]。

ただし,第1段階の申立ては,養子となるべきものの出生から2か月はすることができない(家事164条の2第1項ただし書,239条1項)。出産直後は実親が不安定であり,真意に基づく同意が期待できないからである[24]。

第1段階の審判の管轄裁判所は,養親申立ての場合は養親の住所地の家庭裁判所(家事164条の2第2項),児童相談所長申立ての場合は養子の住所地の家庭裁判所(家事234条)である。

そして,第1段階の手続においては,養子となるべき者(15歳以上の場合),実親,養子となるべき者の親権者らの陳述を聴かなければならない(家事164条の2第6項)。

これに対して,第2段階の手続は,養親となる者に関する要件,すなわち養親の監護能力,要親子の適合性を審理判断する手続である。この審判で養子となる者は,第1段階の特別養子適格の確認審判を受けた者でなければならない(家事164条2項)。

第2段階の審判を申し立てることができるのは養親候補者である(817条の2第1項)。なお,養親候補者が第1段階の審判を申し立てる場合は,第1段階の申立てと第2段階の申立てを同時にしなければならない(家事164条の2第3項)。これは,養子縁組の成立の見込みがないにもかかわらず第1段階の審判を申し立てることは,子の利益を害することになるし,第1段階の審判は,第2段階の申立ての意思を有し,養子縁組の成立に向けて活動す

---

23) 児童相談所長が申立てをする具体的な場合について磯谷・前掲29頁参照。
24) 山口＝倉重・前掲56頁。

ることができる人が申し立てるべきであるという発想に基づく[25]。第 1 段階の審判を特定の養親候補者が申し立てた場合，第 2 段階の審判を申し立てることができるのは当該養親候補者に限られ，他の養親候補者が申し立てることはできない（家事 164 条 2 項）。

　他方で第 1 段階の審判を児童相談所長が申し立てた場合には，必ずしも特定の養親候補者を前提とするものではないため，第 1 段階の確認審判後に，どのような養親候補者であっても第 2 段階の審判を申し立てることは可能である。ただし，第 1 段階の審判から第 2 段階の申立てまでに時間がかかると，養子となる者や実親の法的地位が不安定になるうえ，第 2 段階の審判時に第 1 段階の審判がされたとみなすことが困難になるため，養親となる者は，第 1 段階の審判の確定から 6 か月以内に申立てをする必要がある（家事 164 条 2 項）[26]。

　また，第 2 段階の審判の管轄裁判所は，養親候補者の住所地である（家事 164 条 1 項）。第 1 段階の審理においては，養親候補者による試験養育の状況について，家庭裁判所調査官による調査が必要となるところ，その調査を容易にするためである[27]。

　なお，実親は第 2 段階の審判手続に参加することはできない（家事 164 条 3 項 4 項）。これにより，実親は第 1 段階の審判終了後に監護能力を回復したことを主張できなくなる[28]。

(ii) **第 1 段階の審判手続と第 2 段階の審判手続の関係**　　手続を

---

25) 山口 = 倉重・前掲 57 頁。第一段階の審判を申し立てると実親と対峙したり，実親に自身の情報が開示される可能性があるため，養親候補者が申し立てるのは，すでに実親が養親候補者を知っているような場合に限られるとするのは磯谷・前掲 30 頁。
26) 山口 = 倉重・前掲 88 頁。
27) 山口 = 倉重・前掲 85 頁。
28) 山口 = 倉重・前掲 40 頁。

第2章　養子法の改正（2019年）

2段階に分けることで，指摘されてきた様々な問題を回避することが期待できる一方で，従来の手続に比べて審判全体の審理期間が長くなり，それにより養子となる者や実親の地位が不安定になることも懸念される。また，両手続は密接に関連するものであるので，両手続の関係を調整する規定も置かれている[29]。

例えば，養子縁組成立までの期間が長くなりすぎないように，家庭裁判所は第1段階と第2段階の認容審判を同時にできるようにした（家事164条11項前段）[30]。ただし，第1段階の審判のみ上訴された場合，これが確定しない限り第2段階の認容審判は確定しない（同項後段）。そして，上訴審が第1段階の審判を取り消す裁判が確定した場合は，家裁は第2段階の審判を職権で取り消す（同条12項）[31]。

また，養子縁組の成立の見込みがないにもかかわらず第1段階の審判を進めるのは，聴取等を受ける養子となる者の負担となるため，家庭裁判所は，第2段階の審判申立てが却下されたり取り下げられた場合には，第1段階の審判申立ても却下する（家事164条の2第7項）[32]。

第1段階の申立てをしたのが養親候補者である場合，第2段階の申立てが却下された場合，第1段階の審判は効力を失う（家事

---

[29]　山口・前掲24頁。実親が争うような場合は従来から時間がかかる。もっとも，実親が意欲を失い，特別養子縁組に積極的な場合には手続は早く進むものと考えられる（山口＝倉重・前掲41頁）。

[30]　山口＝倉重・前掲93頁。例えば実親が養子となるべき者の養育が著しく困難であることを認めて同意をしているような場合である。

[31]　第2段階の審判が確定する見込みがないのにもかかわらず，そのまま維持するのは適当でないからである（山口＝倉重・前掲95頁）。

[32]　山口＝倉重・前掲58頁。例えば，第1段階と第2段階の審判の申立てをしたが，明らかに養親としての適格を欠く者である場合である。

164条の2第14項)。第2段階の審判は当該養親候補者が自ら養親となることを前提になされたものであるからである。これに対して，第1段階の申立人が児童相談所長の場合，広く養親としての適格性を有する者との縁組を前提としているため（児福33条の6の4第1項），ある養親候補者による第2段階の審判が却下されても，当然には第1段階の審判の効力が失われることにはならず，確認審判の確定から6か月以内であれば他の養親候補者は第2段階の審判の申立てをすることができる（家事164条2項)[33]。

このように第1段階手続と第2段階手続について申立人が異なる場合があり，国法上異なる裁判所に係属したり，相互に密接に関連することから家事事件手続規則を改正して，申立書の記載事項等を整理したり，裁判所間での通知の仕組みを整備したりしている（家事規93条1項1号・2項・5項，93条の2第1項・2項・3項)[34]。

なお，第1段階の審判は，申立人，利害関係参加人のほか養子となる者にも告知されることになる（家事74条1項)。例外は，養子となるべき者の年齢及び発達の程度その他一切の事情を考慮してその者の利益を害すると認める場合である（家事164条の2第10項)[35]。第2段階の審判についても申立人，利害関係参加人にも告知され，養子となる者にも原則として告知がされる点は同様だが，15歳以上の養子についても必ず告知することとなっている（家事164条9項)[36]。

---

[33] 山口=倉重・前掲64頁。

[34] 改正規則の概要について，宇田川公輔=山岸秀彬「家事事件手続規則の一部を改正する規則の解説」判タ1469号（2020年）5頁。

[35] 実親の所在等がわからない場合にも実親への告知は不要となる（家事164条の2第11項，237条2項）。

(iii) **児童相談所長の関与**　　特別養子縁組の手続を2段階に分けるだけではなく，児童福祉法においては，それぞれの手続において児童相談所長が関与することを認めている。

まず，第1段階の審判手続においては，児童相談所長は，家庭裁判所に対し，ある子について養親としての適格性を有する者一般との間における特別養子適格の確認の申立てをすることができるとした（児福33条の6の4第1項）。これは児童虐待があって，子供が施設に入所しているようなケースなどにおいて，養親候補者よりも児童相談所の方が実親に関する情報（子の養育状況）を持ち合わせており，実親の要件についての主張立証がしやすいと考えられること，及び，養親候補者と実親との対峙を回避して，養親となる者の住所などが実親に知られないようにするためである[37]。

また，児童相談所長は，養親となる者が申し立てた特別養子適格の確認審判事件の手続に参加することができる（児福33条の6の5第1項）[38]。家事事件手続法でも参加の制度は用意されているが，同法41条の当事者参加は当事者となる資格を有する者，42条の利害関係参加は審判を受ける者となるべき者に限られており，児童相談所長はいずれにも該当せず，参加することができなかった。そこで，新たに参加の規定を設けて，児童相談所長が養親候補者による主張立証の手助けをすることができるようにしたもの

---

36)　山口＝倉重・前掲49-50頁。
37)　山口＝倉重・前掲66頁，磯谷・前掲28頁。児童相談所長が申し立てた場合には，養親候補者は家事事件手続法74条1項に規定される者に含まれず，164条の2第9項の対象ではないので審判の告知は不要である（磯谷・前掲28頁）。
38)　山口＝倉重・前掲73頁。児童相談所長の協力が必要になりうるからである。

である[39]。

ところで，児童相談所長は第2段階の手続については申立権を有しない。第2段階の手続は養親候補者と養子となる者の間で縁組を成立させる手続であり，第三者に身分関係の形成を求めるのは適当でないこと，及び養親候補者が申立ての意欲を失っている可能性もあるからである[40]。

(ⅳ) **実親と養親のプライバシーの保護**　養子縁組成立審判を2段階に分けることにより，養親候補者が実親と直接対峙する負担を回避することができるが，その趣旨を没却しないように，いずれの手続においても両者が接触したり，実親が養親候補者の情報を入手したり，互いの個人情報を入手することができないようにするための配慮が施されている。

例えば，実親は第2段階の審判手続において，手続参加をすることも，養子候補者の法定代理人として参加することもできない（家事164条3項・4項）。また，実親は第2段階の審判手続において陳述聴取の対象とはならない（同条6項）。さらに，養子縁組成立の審判がされた場合にも，実親に対しては主文のみが通知され，養親の情報を含めた具体的な内容は告知されない（同条10項）。

また，実親は，第1段階の審判記録については閲覧請求をすることはできるが（家事47条1項・3項・5項・6項）第2段階の審判については，裁判所に判断がゆだねられるものの，2段階制度の趣旨からは，閲覧は基本的に否定されると考えられる[41]。

(ⅴ) **同意の撤回制限**　実親の同意について，養子となるべき者の出生の日から2か月を経過した後になされた同意や，家庭裁

---

39)　山口＝倉重・前掲74頁。
40)　山口＝倉重・前掲84頁。
41)　磯谷・前掲28頁注13。

判所調査官による事実の調査を経たうえで家庭裁判所に書面を提出してされた同意，あるいは審問の期日においてされた同意は撤回することができない。ただし同意から 2 週間を経過する日までは撤回することができる（家事 164 条の 2 第 5 項）。

これは養親となるべき者が，実親による同意の撤回がいつされるかわからないという不安を抱いたまま養子となる者の試験養育をしなければならない事態を回避するため，実親による同意が真摯であることを担保しつつ，同意が撤回できる時期に制限を設けたものである[42]。その一方で，厳格な方式によらず，撤回が制限されない同意をすることも依然として認められている[43]。

まず，撤回できない同意ができるのは出生後 2 か月経過後とされている。これは，撤回制限ある同意は効果が重く，実親が精神的に安定した状況において，同意の効果を十分に理解したうえで，縁組の成立について真摯に同意をすることができる仕組みが必要なところ，この出産後一定期間は精神的に不安定であることがあるためである[44]。

また，家庭裁判所調査官による事実の調査を経た同意や，審問期日での同意が撤回できないのは，実親が撤回できないことを十分に理解してなされたものと考えられるからである[45]。

---

42) 山口 = 倉重・前掲 75 頁。なお，撤回制限がされる同意は特定の養親候補者を想定してすることも可能である（同 81 頁）。
43) 山口 = 倉重・前掲 76 頁，磯谷・前掲 30 頁。そのため，養子縁組あっせん機関でなされた同意も有効である。
44) 山口 = 倉重・前掲 78 頁。
45) 山口 = 倉重・前掲 77 頁。

(5) 課　題

　2019 年の改正は児童虐待防止対策の一環として，養子縁組成立の審判手続を 2 段階に分け，実親の同意の真摯性を担保しつつ，一定の場合には同意が撤回できないこととして，養親となるべき者の地位の安定化を図ったものであり，その運用にあたっては，子の利益を最重要視すべきことは言うまでもない。そのため，養親の下で養子として養育を受ける機会を逃さないように，第 1 段階の申立てが先延ばしにならないような配慮が必要であるとともに[46]，第 2 段階の養子縁組成立の審判までの手続が長期化しないような運用が求められる。手続が遅延することで，年齢要件を満たさなくなると，養子となる子の利益が害される可能性があるし，年齢要件を満たしたとしても，第 1 段階の審判で確認されたその他の要件が第 2 段階の審判成立段階で満たされていたという擬制が成り立ちにくくなるからである。

　手続の遅延の問題は，特に児童相談所長が申し立てる場合に顕著となりうるため，この場合には第 1 段階の審判が確定した後 6 か月以内に第 2 段階の審判の申立てが必要とされている（家事 164 条 2 項）。そしてそれを可能とするために，児童相談所長には，第 1 段階の審判申立て時点で，あるいは申立て後速やかに養親候補者を定める努力義務が課されるようになったが（児童福祉法 33 条の 6 の 4 第 2 項）。実際にはある程度養親候補者の目途を立てたうえで申立てをすることが望まれよう[47]。

　そのほか，実親の同意については，必ずしもすべての同意が撤

---

46)　磯谷・前掲 32 頁，33 頁。
47)　磯谷・前掲 29 頁。

第 2 章 養子法の改正（2019 年）

回不可能となるわけではないが，なるべく撤回不可能な同意が活用されるよう，また同意を得る際には実親に対する十分な説明をしていくことが望まれる[48]。

ちなみに，2019 年の改正は特別養子縁組の成立をしやすくするための実体法及び手続法の改正であったが，特別養子縁組の離縁については特に改正がなされなかった。離縁の要件については普通養子縁組との関係を見据えつつ見直すことは，将来の立法論的課題として残されている[49]。

〔杉山 悦子〕

---

[48] 磯谷・前掲 31 頁では，その他にも，養親の範囲等について条件を付してなされた同意も問題となるとする。

[49] 例えば，法制審議会特別養子制度部会第 9 回，10 回会議における久保野恵美子幹事の発言参照。

第3章

親権法の改正
（2022年）

第3章 親権法の改正（2022年）

I　2011年の改正

改正のポイント

□親権停止制度を新設する等により親権制限の利便性を向上した。
□親権行使の理念として、「子の利益」を明確化した。
□複数又は法人の後見人の選任を認め、未成年後見人の選択肢を拡大した。

1　制度・問題の概観

(1) 父母の未成年子に対する親権

　親子の間には、氏、相続、扶養等の様々な法律関係が生じるが、そのうち、未成年者である子との関係では、父及び母（父母が婚姻していないときは父又は母）は、子を1人の社会人として養育すべき親の職分として、権利義務の総体である親権を有する（818条参照）。親権の内容は包括的であるが、「子の監護及び教育をする権利を有し、義務を負う」（820条）側面（身上監護）と「子の財産を管理し、かつ、その財産に関する法律行為についてその子を代表する」（824条）側面（財産管理）とに大別される。

　親権の性質については、改正前においても、歴史的背景は別として、子を対象（客体）として支配する権利ではなく、未成熟の子の保護を実現するためのものであり、親権者は子の福祉を図る

ために親権を適当に行使する義務を負うというのが，通説的な理解であった。子の保護を実現するためという親権の性格を踏まえれば，親権制度を廃止して未成年後見と統一すべきであるとの親権後見統一論が主張され，仮決定・留保事項（1959年，法務省民事局）としてとりまとめて公表された法制審議会民法部会身分法小委員会における審議においても同論に沿った検討がなされていた。

　他面において，親権は，義務としての側面のみを有するわけではなく，権利としての性格も有する。何が適切な監護であり，適切な教育なのかということについては，国家や社会が介入すべきものではなく，原則として親権者の自由な裁量に委ねられるという意味での権利としての性格であり，このような性格は財産管理面にも妥当する（「親権者が子を代理してする法律行為は，……それをするか否かは子のために親権を行使する親権者が子をめぐる諸般の事情を考慮してする広範な裁量にゆだねられている」と判示する最判平成4年12月10日民集46巻9号2727頁参照）。親権の権利としての性格は，国家が直ちには介入できない親権者が自由に行動しうる領域が残されているという意味で，私たちの社会が，子を親に委ねることが良い結果をもたらすことが多いと信じていることの反映であるといえる。

　このような基本的な性格に従い，親権に関する法の規律は，親権者によってなされる監護や教育等を適法な親権行使として認めた上で，それが子の利益に反することが明らかであるような場合に，それに介入していくという思考方法によって組み立てられている。介入の仕組みとして，親権者が親権を濫用等した場合に親権全体，又は，財産の管理権のみを喪失させる，親権喪失（2011年改正前834条）及び管理権喪失（2011年改正前835条）が定めら

れていた。児童の虐待等の問題を背景に，このような親権法の組み立ての限界が認識され，改正につながっていく。

(2) 不適切な親権行使への介入の課題化

1970 年代に欧米において親権又は監護権に関する法改正が次々になされ，紹介されるようになった。同時期頃より，国内でも，児童養護施設の実務現場から，施設に入所中の児童の背景に家族の人間関係，家庭崩壊が多く見られること，施設入所しても無理解な親の要求に押されて親もとに返し再度虐待されるような事例があること等から親権を問い直す必要があること，子の立場に立って 834 条を改正し，親権の一時停止，喪失，剥奪などの程度に応じた段階的措置の法制度化等を行うべきことが説かれた。学説上も，家庭機能の低下にかかわる子の虐待，放任や子の治療，救命をめぐる親権者の決定をめぐって親権が子の保護として機能しない場面において，適切な対処がなされていないとの問題が指摘されるようになった。

これらの問題提起は，民法の親権規定の改正につながらず，児童虐待の深刻化を受けて，養護施設等への入所等を通じた児童の行政的な保護の根拠を定めるなど児童の福祉に関する総合的基本法である児童福祉法（以下では「児福法」という）に加えて，2000年に児童虐待の防止等に関する法律（以下では「児童虐待防止法」という）が成立した際に，その中で，親権者は，「児童を心身ともに健やかに育成することについて第一義的責任を有するものであって，親権を行うに当たっては，できる限り児童の利益を尊重するよう努め」（同法 4 条 6 項），「児童のしつけに際して，その適切な行使に配慮し」（同法 14 条 1 項）なければならず，「児童虐待に係る暴行罪，傷害罪その他の犯罪について，当該児童の親権を

行う者であることを理由として，その責めを免れることはない」（同条2項）ことが定められたにとどまった（条数および規定の内容はいずれも当時のもの）。その後も，児童虐待防止への法的対応は，児童虐待防止法及び児福法の改正によって拡充された。

(3) 児童の権利をめぐる国際的状況

上記(2)で触れた児童養護の実務関係者からの問題提起は国際児童年である1979年に開催された「親権と子どもの人権」をテーマとするシンポジウムの成果としてなされたものであった。子どもの権利論は1960年代後半から1970年代にかけてアメリカにおいて進展し，その後の国際的な展開を経て，1989年には，国連総会で児童の権利に関する条約（以下では「条約」という）が採択された。日本は，1994年にこの条約を批准している。条約には子の最善の利益の考慮（3条1項）や子の意見表明（12条1項）について定められており，この条約が，「保護の客体」としてのみならず，「権利の主体」としての子どもという考え方が注目され，受容されていくことに影響を与えた。

 ## 改正の議論と立法の内容

(1) 改正の議論

児童虐待については，前述の児童虐待防止法の制定や累次の児福法の改正によって，まず行政的な対応の拡充が図られてきた。そのような中で，児童虐待に対する対策の一環として，親権の適切な制限の必要性が認識されるようになり，当時の法制度下において，現実の必要性に応じた適切な親権制限が困難であるという

第3章 親権法の改正（2022年）

指摘がなされるようになった。2007年の児童虐待防止法及び児福法の改正の際の附則には，施行（2008年4月1日）後3年以内に親権に係る制度の見直しについて検討を行い，その結果に基づいて必要な措置を講ずるものとされた。これを受けて，児福法及び児童虐待防止法における諸課題と併せて，民法の親権に関する規定，特に，その要件及び効果が使いにくいとの指摘があった親権喪失の制度の見直しが検討された。

　法務省，最高裁判所，厚生労働省が参与し，児童虐待や親権者による親権の不適切な行使により，子の利益が現に害され，又は害されるおそれが大きいにもかかわらず，現在の制度では対応に苦慮する場合があるとの課題意識に基づいて研究会で検討がなされ，児童虐待防止のための親権制度研究会報告書がまとめられた。続いて，法務省法制審議会下に置かれた児童虐待防止関連親権制度部会での民法の検討結果を，厚生労働省社会保障審議会下に置かれた児童部会児童虐待防止のための親権の在り方に関する専門委員会での児福法の検討結果と合わせて，民法等の一部を改正する法律（平成23年法律第61号）として，児福法の改正と同時に，民法の親権に関する規定の改正が行われた。

(2) **立法の内容・1——親権制限制度の利便性の向上**

(i) **親権停止制度の新設**　　親権制限につき，親権又は財産管理権を無期限に喪失させる（834条，835条）ことの他に，最長2年間の期限を付して親権を失わせる親権停止の制度が新設された（2011年改正後834条の2）。親権喪失の場合には，取消しがなされない限り，無期限に親権行使ができなくなるのに対し，親権停止は，親権を制限する根拠となった事由が一定期間の経過によって改善される等を見込んで，期間経過後の親権行使の再開を予定し

て一時的に親権を失わせる制度である。2年という期間は，児童虐待対応において児福法に基づいて執られる家庭裁判所の許可による児童の施設入所，里親委託等の措置（児福法28条）に合わせたものである。

　親権停止の可否は，次項(ii)で触れる親権喪失についてと同様に，親権の行使が困難又は不適当であることによって子の利益が害されるかどうかを基準として判断される。親権停止と親権喪失のどちらも親権者の有責な事情は不要であり，どちらに当たるかは子の利益を「著しく」害するかどうかによって区別される。ただし，子の利益を害する親権の行使について「2年以内にその原因が消滅する見込みがあるとき」（2011年改正後834条ただし書）には，親権喪失はできず，親権停止によることとなる。医療ネグレクト（親権者が子に必要かつ適切な治療を受けさせることを拒否する場合）のような事案において短期間のうちに問題となる状況の原因が消滅することが見込まれるときには，親権喪失の審判をする必要はなく，親権停止の審判をするのが適当であると考えられるからである。

　親権停止の期間は，「原因が消滅するまでに要すると見込まれる期間」その他の事情を考慮して家庭裁判所が定める（2011年改正後834条の2第2項）。親権を停止された父又は母は親権を行うことができなくなるが，15歳未満の子を養子とする縁組についての同意権を有する（2011年改正後797条2項後段）。一定の期間内に親権の停止の原因となる事情が改善し，親権を回復することが見込まれているところ，停止中に自らが与り知らぬまま養子縁組によって親権を失うことを避ける趣旨による。親権停止の期間が経過すれば，親権が回復する。期間満了後も引き続き親権を停止する必要があるときには，再度の申立てにより親権の停止が行

われることになる（期間の更新制度はない）。

　(ⅱ)　**親権喪失事由の変更**　　親権喪失の原因は，「親権を濫用し，又は著しく不行跡であるとき」という親権者側の行為態様を基準とするもの（2011年改正前834条）から，親権停止と基本的に同様の，親権の行使が困難又は不適当かどうか，子の利益を害するかどうかを基準とするものに変わった。権利の濫用の問題ではないことが明らかになった意義は大きい。また，学説上，親権の濫用は要するに子の福祉を害することであり，また，著しい不行跡もまた子の福祉を害するかどうかの観点から判断されるべきなのであって独立の原因とする必要はないとされてきたところに符合する。親権停止との間に段階づけがなされ，行使の困難又は不適当及び子の利益の侵害それぞれが「著しく」といえるときに親権喪失事由が存することとなるほか，これに当たる場合の例示として「虐待又は悪意の遺棄があるとき」が明示されている。

　(ⅲ)　**親権喪失等の審判の申立権の子への付与**　　親権喪失及び停止は，家庭裁判所の審判により行われる。改正法は，改正前の親権喪失の請求権者の範囲を変更し，子の親族，検察官（2011年改正前834条）等に，新たに，子自身を加えた（他に，児福法に，改正前後を通じて，児童相談所長の申立権が定められている（現児福法33条の7））。子は，意思能力がある限り，家庭裁判所へ親権喪失又は停止の審判の請求をすることができる。子に請求権を認めることについては，過度の精神的負担をかける等の懸念がありうるが，民間団体や弁護士などが相談を受けているような場合など，事案によっては，子が直接家庭裁判所へ請求することができた方が，迅速に子の利益を確保することにつながると考えられた。積極的に子に請求することを期待するものではなく，また，子からの請求があった場合には，その利益に配慮した運用が期待されるもの

である。改正後の実務上，2013年から2021年までの平均で年間30件程度の子からの親権喪失又は停止の請求がなされている。

(3) 立法の内容・2 ―― 親権行使の理念としての「子の利益」の明確化

(i) **820条への「子の利益」の明記**　親権の効力を定める節の冒頭規定である820条に「子の利益のために」との文言が挿入され，「親権を行う者は，子の利益のために子の監護及び教育をする権利を有し，義務を負う。」とされた。「子の利益」が親権者による監護教育権の行使の指針となり，その行為を制約する原理となることが示されたものといえる。

一般的規定である820条に子の利益の理念が明記されたことは，より具体的な規律のレベルでは，次のような意味を有する。まず，改正前は，親権の監護教育上の具体的な権限を定める規定の一つである822条に，懲戒を「必要な範囲内で」行うことができることが定められていた。2011年改正では，これが「820条の規定による監護及び教育に必要な範囲内で」と改められたことによって，「必要な範囲」の意味が「子の利益のために行使される監護及び教育に必要な範囲内」であることが明確にされた。また，(2)で触れた親権の喪失及び停止が親権者の行為態様ではなく子の利益を害するかどうかを基準として決せられることも，子の利益のための親権の理念の具体化である。さらに，直接に親権について定める条文ではないが，離婚時における子の監護に関する事項の協議において，父母は子の利益を最も優先して考慮しなければならないとされたことも（2011年改正後766条1項），父母が親権者である場合には（788条参照），親権における上記理念の具体化としての意義を有するといえる。

第 3 章　親権法の改正（2022 年）

(ii)　820 条への「子の利益」の明記の意義　親族編上の規定の中には，改正前から，「子の利益」を定めるものが複数ある（766 条 2 項（2011 年改正前），817 条の 7，819 条 6 項）。これらの規定は，家庭裁判所が，監護権又は親権の所在や親子関係そのものの有無に変更を加える際に，介入を正当化し，その裁量権を方向づける指針として，「子の利益のため（特別養子縁組については，「特に」）必要があると認めるとき」と定めるものである。これに対し，改正後の 820 条は，親権を行使する当事者に対して，親権行使に当たってその行為を制約する原理として「子の利益」を登場させている。「子の利益」との規範が持つ意味が異なるのである。

　766 条の改正を手がかりに補説しよう。766 条 3 項に繰り下げられた改正前 766 条 2 項からは「子の利益」の文言が削除された。これは，改正法によって，子の監護に関する事項等を定める当事者たる父母が「子の利益を最も優先して考慮」する義務を負うこととなったことからすれば，父母の協議又はそれに代わる審判によって定められた事項の変更を家庭裁判所が行う際の基準となる「必要があると認めるとき」（改正後 766 条 3 項）とは，子の利益のための必要性を意味することが明らかであるからだと考えられる。このように，当事者にある義務が課せられるのであれば，当該義務の履行に関わる事項への裁判所の介入の正当化根拠及び判断の基準が当該義務の趣旨に求められるのは自然なことであろう。しかし，逆方向の論理が成り立つかどうかは，検討を要する。学説には，家庭裁判所による養子縁組，親権又は監護に関わる事項への（外からの）介入の正当化根拠となる「子の利益」と父母の行為の制約原理となる「子の利益」のために監護教育を行う義務との違いを重視し，父母の行為への制約原理を強調することを疑問視するものもある。親権の権利性を踏まえた親権者への支援法制

が必ずしも充実していない日本法において，義務の側面を強調することの弊害への危惧による。さらに，親権者の監護教育義務が「子の利益のため」であることからすれば，第三者との関係での義務の懈怠が問われる 714 条の適用上，親権者が法定監督義務者に当たるとの従前の通説的理解の再考が迫られうることを示唆する学説もある。「子の利益」のためという目的に制約される「親権」の特性について，「私権」と「公共の福祉」に見られる関係（1 条 1 項）や所有権の性質との対照等を手がかりとする理論的探究が待たれている。

(iii) **離婚後の子の監護に関する事項の具体化**　親権にも関わる他の改正事項として，児童虐待対策の一環としての不適切な親権行使への対応という課題からは離れるが，離婚時において当事者の協議又は裁判所の審判によって定められる子の監護に関する事項の具体化がなされた。「監護について必要な事項」の例示として，「子の監護をすべき者」だけが定められていたのを改め，父母と子との面会交流，子の監護費用の分担を追記したものである（改正後 766 条 1 項）。1996 年 2 月に法制審議会総会で決定された「民法の一部を改正する法律案要綱」による提案を実現したものであり，従前からの実務の扱いを明文化したとの位置づけであったが，「面会交流」が明文化されたことが契機となって裁判所が原則的に面会交流を実施する認定基準（裁判実務を批判する論者から「面会交流原則実施論」と称されるもの）を採用するようになったと受けとめられ，批判的な議論が引き起こされることとなった。この問題については，離婚後における父又は母の子への関わり方というより包括的な観点から，共同親権の選択可能性の問題を含めて，改めて，法制審議会（2021 年 3 月に開始された法制審議会家族法制部会）による立法審議が行われることとなった。

(4) 立法の内容・3——親権者のない未成年の子の保護策の充実

　父又は母が親権の喪失又は停止の審判を受けた結果，親権を行う者がいなくなる場合には，未成年後見が開始する。改正前は，未成年後見人は1人でなければならず，かつ，法人は未成年後見人になれなかった。自然人が1人で未成年後見人の事務を担うのは負担が大きいこと，また，未成年者に多額の財産があるような場合に財産の管理については法律の専門家等を選任し，身上監護を中心とするその余の後見の事務については親族を未成年後見人に選任するのが適当な場合があるとの指摘がなされていた。

　改正法では，未成年後見人の選択肢を広げ，子の安定的な監護を図ることができるよう，複数又は法人の未成年後見人を選任することができることとなった（842条の削除，2011年改正後840条2項・3項かっこ書）。

　改正前に未成年後見人が1人でなければならないとされていたのは，複数を選任したときに，方針に齟齬が生じることによって未成年者の利益が害されるおそれがあるため相当でないという趣旨によった。しかし，選任の仕方や権限行使の定め方次第では，適切な職務遂行が可能であるといえ，複数の者が協議するなどしながら慎重に事務を行うことが適当である場合もあると考えられた。複数の未成年後見人がある場合の権限の行使は，複数の成年後見人の場合と異なり（859条，859条の2第1項），共同行使が原則とされる（2011年改正後857条の2第1項）。未成年後見人の主な事務である身上監護に関する事務を複数の未成年後見人が単独で行ったり事務を分掌して行ったりすると，子の安定的な監護を害するおそれがあるためである。家庭裁判所は，例外的に，単独行使や事務分掌を定めることができる（2011年改正後857条の2第2

項・3項）。

　法人を未成年後見人に選任することについては，事実上自立した年長の未成年者であれば実際の職務内容としては財産に関する権限の行使が主たるものとなることや，身上監護の事務についても体制の整備如何によっては組織で対応することにより未成年後見人の負担を軽減するというメリットも考えられることから，認められることとなった。社会福祉法人が運営する児童福祉施設から自立した未成年者について，当該社会福祉法人を選任することや子どもの問題を扱っているNPO法人等の中から未成年後見事務の遂行に適した組織，体制を備えたものが育ってくることが想定，期待された。

　現在の運用としては児童相談所の申立てにより未成年後見人が選任された場合のみが対象であるが，多くの自治体において，国の補助を得て未成年後見人の報酬や損害賠償保険料を補助する支援事業が行われている（平成17年5月2日雇児発第0502001号厚生労働省雇用均等・児童家庭局長通知「児童虐待防止対策支援事業の実施について」別紙「児童虐待防止対策支援事業実施要綱」の第3の13参照）。

(5) 残された課題と関連する児童福祉法の改正

　(i) **残された課題**　　検討対象となったが改正が実現しなかったものとして，まず，懲戒権規定の削除について，「本来することができる範囲内でしつけをしている親権者が大多数であるにもかかわらず，規定を削除してしまうと，逆に，そのようなしつけができなくなるのではないかといったような誤った受け止め方がされないかなど……社会的な影響についての懸念」（飛澤知行編著『一問一答平成23年民法等改正』（2011年，商事法務）19頁）から見送られ，立法以来使われることのなかった家庭裁判所の許可を得て

第 3 章　親権法の改正（2022 年）

懲戒場入場ができる旨を定める部分（2011 年改正前 822 条 1 項の一部及び 2 項）が削除されるにとどまった。

　また、親権の制限の方法として、停止制度として創設された「一時的な」制限の他に、親権を「部分的に」制限する制度の導入も検討されたが、制限される部分を明確に定めることの困難等を理由に見送られた。部分的な制限の必要が指摘されていた事案類型の一つが医療ネグレクトであった。改正後の児童福祉行政実務では、この場面への対応として親権停止を用いることとされた（厚生労働省雇用均等・児童家庭局総務課長通知「医療ネグレクトにより児童の生命・身体に重大な影響がある場合の対応について」（平成 24 年 3 月 9 日雇児総発 0309 第 2 号））。親権停止の審判の審理に時間を要することから、親権停止の審判事件を本案とする保全処分（家事事件手続法 174 条）として親権者の職務執行の停止を求め、選任された職務代行者の同意によって必要な医療的措置を行う方法も用いられる。

　(ii) **児童福祉法改正**　　部分的な親権制度の導入が唱えられた背景には、児福法に基づいて児童を父母から引き離す措置をとり、一時保護、施設入所又は里親委託等を行った場合において、親権者から子の取り戻しその他の要求を受け、又は保護された児童の監護、教育に関わる事項について協力が得られないなどによって、安定的な養育が困難になることがあるため、児童の保護措置を妨げないよう部分的に親権を制限する必要性が指摘されていたことがある。

　一般的に親権を部分的に制限する制度を民法の中に設けることは見送られたが、実務的な要請への対応は児福法の 2011 年改正によってなされた。まず、児福法に基づく措置によって父母から引き離されて保護されている児童に対して監護、教育及び懲戒に

関して必要な措置をとることができる場面を拡大し，施設入所又は里親委託中の児童に対する施設長又は里親の権限（改正前児福法47条2項，改正後3項）の他に，新たに，一時保護中の児童に対する児童相談所長の権限を定めた（2011年改正により新設された児福法33条の2第2項）。その上で，一時保護又は施設入所中の児童に対して施設長等が行う監護等の措置と親権者の行為との関係を調整する規律として，親権者が施設長等の措置を不当に妨げてはならないこと（2011年改正後児福法33条の2第3項，47条4項）及び児童の生命・身体の安全確保のため緊急の必要があると認めるときは親権者の意に反しても必要な措置をとることができることとされ（同33条の2第4項，47条5項），その具体的な適用指針がガイドライン（厚生労働省雇用均等・児童家庭局総務課長通知「児童相談所長又は施設長等による監護措置と親権者等との関係に関するガイドライン」（平成24年3月9日雇児総発0309第1号））で示された。

II 2022年の改正

改正のポイント

- □懲戒権を定める822条が削除された。
- □親権者による監護・教育について，子の人格の尊重等の義務が示された。
- □体罰等の子の心身に有害な影響を与える行為が許されないことが明示された。

第 3 章　親権法の改正（2022 年）

　制度・問題の概観

(1)　**2011 年改正後の状況**

(i)　**親権制限制度の利用状況**　　2011 年改正によって利便性の向上が図られた親権制限制度の利用件数は，同改正の直前 3 年間においては，親権又は財産管理権の喪失の申立件数（裁判所における新受件数）が年当たり平均 120 件程度であったのに対し，改正後には，停止制度を含めての親権制限の申立件数が，2012 年から 2014 年までの 3 年間には年当たり平均 270 件程度となり，2019 年から 2021 年までの 3 年間の平均は年当たり平均 370 件程度となっている（増加分は，ほぼ親権停止制度の利用数に重なる）。親権制限を行うことの困難性は一定程度緩和されたとはいえそうであるが，なおドイツやフランスにおける同様の機能を有する制度の利用数に比べれば大幅に少なく，必要な事案に対して十分に利用されているといえるのかには疑問もある。

(ii)　**子の主体性等への注目の高まり**　　2011 年改正で親権喪失等について子本人に請求権が認められたことは，学説上，同改正に前後する時期に設けられた手続法上の子の陳述聴取の機会の保障等の規定（人事訴訟法（2003 年制定）32 条 4 項，家事事件手続法（2011 年制定）65 条，169 条等）と合わせて，子本人の意思尊重の仕組みの一つとして積極的に評価された。また，2018 年に法改正が実現した成年年齢の引下げについて 2011 年親権法改正の前後を通じて続けられていた審議，検討の中で，子が未成年のうちに自立に向けた準備をしておく必要があること，親権者は，子の自立を支援する役割を担うことへ学説の関心が特に向けられるよ

うになった。子を，保護の対象としてのみならず，成熟途上にありつつ親権者とは別個の人格を有した主体として把握し，子の主体性への配慮及び子の自立の支援という要請を提示する，親権法の方向性を示す理論動向が強まっていたといえる。

(2) 児童虐待をめぐる政策動向

2011年の改正以降も児童相談所における児童虐待相談対応件数が増加の一途をたどり，2016年度には12万件となり，2011年度と比べて倍増し，翌2017年度には13万件を超えた。同じ頃，児童虐待による死亡事案も年間80件程度発生しており，2018年3月及び2019年1月には，関係機関が関わりながら児童虐待によって児童が死亡した事件（児童の居住地から，前者は「目黒事件」として，後者は「野田事件」として知られる）が起こった。

これらの状況を背景として，2018年以降に，児童虐待防止対策に関する関係閣僚会議によって，「児童虐待防止対策の強化に向けた緊急総合対策」，次いで「『児童虐待防止対策の強化に向けた緊急総合対策』の更なる徹底・強化について」が策定され，「児童虐待防止対策の抜本的強化について」による提言に基づき，2019年に，児童虐待防止対策の強化を図るため，児童の権利擁護等の所要の措置を講ずる趣旨による児福法等の改正（令和元年法律第46号）がなされた。

この改正では，親権の適切な行使への配慮を定めていた児童虐待防止法14条1項に「体罰を加えること……により……児童を懲戒してはならず」との文言が追加され，ガイドラインとして，厚生労働省から，「体罰等によらない子育てのために～みんなで育児を支える社会に～」が公表された（2020年2月）https://www.mhlw.go.jp/content/11920000/minnadekosodate.pdf（最終

第3章　親権法の改正（2022年）

アクセス2023年3月30日）。親権者による子の懲戒については，2011年の822条の改正後も依然として同条の規定が児童虐待を正当化する口実に利用されているとの指摘がされ，上記2019年の児福法等の改正の際に，「政府は，この法律の施行後2年を目途として，民法第822条の規定の在り方について検討を加え，必要があると認めるときは，その結果に基づいて必要な措置を講ずるものとする」との附則が置かれた（附則7条5項）。

改正の議論と立法の内容

(1) 改正の議論

2019年の児福法等を改正する法律の附則を受け，法務大臣からの「児童虐待が社会問題になっている現状を踏まえて民法の懲戒権に関する規定等を見直す」との諮問を受けての法制審議会民法（親子法制）部会（2019年7月～2022年2月。この部会では無戸籍者問題に対応するための親子法制の見直しも審議対象とされた。その点を含めて，審議経過の詳細はhttps://www.moj.go.jp/shingi1/shingi03500004.htmlで見ることができる）での審議を経て成立した民法の嫡出推定制度の見直し等を内容とする民法等の一部を改正する法律（令和4年法律第102号）によって，懲戒権を定める822条その他の親権に関する規定が改正され，2022年12月16日施行された。

改正内容としては，822条を削除し，改正前の821条（居所指定権）を822条に繰り下げ，821条に「親権を行う者は，前条の規定による監護及び教育をするに当たっては，《子の人格を尊重するとともに，その年齢及び発達の程度に配慮しなければなら

ず》，かつ，体罰その他の子の心身の健全な発達に有害な影響を及ぼす言動をしてはならない。」との規定を新設した（《》は筆者による）。改正の要点は，①監護及び教育の在り方について一般的な指針を提示し（上記の《》内），それを監護及び教育に一般的に関わる（つまり，懲戒又はしつけだけでなく，居所指定や職業許可にも関わる）規律として，820条の次に821条として配置すること，②体罰等を「してはならない」とする規定を創設し，してはならない行為として「体罰」だけでなく，「心身……に有害な影響を及ぼす言動」を定めることにある。

(2) 立法の内容・1──監護教育権行使の指針の提示

親権の効力の節の冒頭規定である820条の次に新たな規定が設けられ，親権者が監護及び教育をするに当たっての義務として，子の人格を尊重する義務及び子の年齢及び発達の程度への配慮義務が定められた。その趣旨は，「児童虐待の要因として，親が自らの価値観を不当に子に押し付けることや子の年齢や発達の程度に見合わない過剰な要求をすることなどが指摘されて」いることから，「独立した人格としての子の位置付けを明確にするとともに，子の特性に応じた監護及び教育の実現を図る観点から，親権者の監護教育権の行使における行為規範として」規律を設けるというものである（一問一答・138頁）。しつけ又は懲戒に限らず，親権者の監護教育権の行使について一般的な指針を提示するものである。さらに，親権者は子の心身への影響への配慮義務も負うと解することができる。「体罰その他の子の心身の健全な発達に有害な影響を及ぼす行為」をしてはならないとする規律は，間接的に，子の心身の健全な発達への影響に配慮して監護及び教育を行うことを求めているといえるからである。

第 3 章　親権法の改正（2022 年）

　2011 年の親権法改正によって，親権行使の理念が「子の利益」であることが明らかにされていたものの，内実が不明確であることが課題であった。これらの義務は，「子の利益」を具体化するものであるといえる。年齢及び発達の程度への配慮義務は子の年齢及び発達に応じた親権の可変性，縮減性に基づく解釈や年長の未成年の子に一定の事項の決定権を認めるなどの学説上立法提案として示されていた解釈の根拠となりうるだろう。人格の尊重義務は，本来，親権者と子との関係にとどまらず個人と個人との関係に一般的に及ぶ射程を有するものであろうが，親権者と子との関係について特に明記されることによって，確認的に，子を支配の対象として捉える親権観を明示的に否定する意義を有しよう。

　監護教育権の行使における行為規範とされるこれらの義務を，父母の間での子の引渡しを巡る紛争や年長の未成年者の自立的行動等，様々な局面に即して具体化していくことが課題となる。そのような具体化には，児福法 2 条 1 項（児童が年齢及び発達の程度に応じて意見を尊重されるよう努める国民の義務を規定），条約 5 条（親権者等の「児童の発達しつつある能力に適合する方法で適当な指示及び指導を与える責任，権利及び義務」の尊重を規定）及び国際的な子の奪取の民事上の側面に関する条約の実施に関する法律 28 条（子の返還拒否事由として，子の意見（1 項 5 号）及び子の心身への害悪（1 項 4 号）その他を挙げ，心身への害悪の判断事情として「身体に対する暴力その他の心身に有害な影響を及ぼす言動」を受けるおそれを考慮要素として定める（2 項 1 号）），さらには，人事訴訟及び家事事件における子の陳述聴取を定める人事訴訟法 32 条 4 項，家事事件手続法 65 条，152 条 2 項，157 条 2 項，169 条 2 項等との関連づけが必要かつ有用であろう。

　821 条は監護教育権の行使の一般的指針を示す条文として，

820条と共に，監護教育権の総則規定と位置づけることができる。今後の立法論として，両条文に記された理念及び行為指針を，子の利益のための規律の面でなお課題を抱えると指摘されている財産管理面にも及ぼし，親権の効力全体の総則と位置づけていく方向性が検討に値するとの指摘もある。

(3) 立法の内容・2——体罰等をしてはならないことの明示

2011年改正の際に懲戒権規定の削除が実現しなかったのは，必要なしつけができなくなるとの誤解が生じることが懸念されたためであった。そこで，2022年改正の検討過程では，削除の代わりに親権者によるしつけ又は懲戒について「できること」を定めることも考えられたが，「できないこと」だけを定める選択がされた。子の非行，過誤を矯正善導するための制裁については，特に規定を置かずとも，820条の「監護及び教育」としてできると考えられる。

監護教育の手段としてであっても「できないこと」については，改正前から，児童虐待防止法によって「体罰」をしてはならないことが明らかになっていた。また，改正法に上記(2)で取り上げた配慮義務等が定められたことによって，親権者が無限定の裁量を伴う権利を持つわけではないこと，親権者が監護教育として行うことが無条件に尊重されるわけではなく，そこには子を本意とした考慮が必要であることが示されるといえる。改正法は，これらに重ねて，民法の親権の効力に関する規定上に，明示的に「体罰その他の子の心身の健全な発達に有害な影響を及ぼす言動」（以下では「体罰等」という）をしてはならないことを定めた。同時に，児福法及び児童虐待防止法において，児童の入所する施設の長等の監護及び懲戒等の権限（2022年改正前児福法33条の2第2項，同

47条3項）及び親権者の体罰禁止（児童虐待防止法14条1項）を定める一連の規定が，改正後の821条の内容に即して改正された。

体罰は，「子の問題行動に対する制裁として，子に肉体的な苦痛を与えること」（一問一答・133頁）と定義され，これに当たれば，当然に子の心身の健全な発達に有害な影響を及ぼす言動に当たり，親権者の監護教育権の行使として許容されないこととなる。体罰に当たるかどうかは，最終的には，当該子の年齢，健康，心身の発達状況，当該行為が行われた場所的及び時間的環境，当該行為の態様等の諸条件を総合的に考慮し，個々の事案ごとに判断される（同書133頁）。

「その他の子の心身の健全な発達に有害な影響を及ぼす言動」とは，子の心身の健全な発達に対する有害な影響という結果の発生を必要とするものではなく，子の心身の健全な発達に有害な影響を及ぼす言動かどうかの判断は，個別の事案における具体的な事情を総合的に考慮し，社会通念に照らして，当該行為が監護教育権の行使として相当なものか否かとの観点から客観的に行われる。これに当たるものの例として，立案担当者は，子を長時間にわたって罵倒する，子の自尊心を傷付ける言動を繰り返す等の行為を挙げる（一問一答・136頁）。

体罰等に当たる行為の範囲について，立案担当者は，「現行法上も親権の行使として許容されていないものと考えられる言動について，明示的に禁止する規律を確認的に設けた」ものであり，「実体法上禁止されるべきことについて，社会的なコンセンサスが形成されている行為に限られる」と説明している（部会資料25-2，3頁）。してはならない行為類型を定める規定の創設によって，親権者に与えられる裁量権限の範囲を絞ったということではなく，現行法上も親権の行使として許容されていないものと考えられる

言動を明示して確認する規律にとどまるといえ，親権者に与えられた裁量の範囲を縮減することを意図する改正ではないということになる。もっとも，ある行為が体罰等に当たるかどうかは，上述のような個別事案における諸事情の総合考慮によって判断されることになるから，範囲画定に不明確さが残ることは避けられない。

児童虐待防止法14条については，前記の厚生労働省のガイドラインにおいて「たとえしつけのためだと親が思っても，身体に，何らかの苦痛を引き起こし，又は不快感を意図的にもたらす行為（罰）である場合は，どんなに軽いものであっても体罰に該当し，法律で禁止されます」と解説されているところ，「どんなに軽いものであっても」ということに重点を置いて解するならば，個別事案の諸条件を総合考慮して判定される821条の体罰と外縁が一致するとまでは言い難いようにも思われる。

体罰等をしてはならないとの規定の効果として，821条に定められる体罰等に該当すると判断された行為は，820条の監護教育権の範囲外の行為と評価されることとなる（一問一答・134頁）。親権者が，体罰等が子の利益になると考えてそれを監護教育の手段として用いたとしても，親権者は体罰等を用いる方法で監護教育を行う裁量までは有しておらず，裁量の範囲外と評されることになろう。監護教育権の範囲外と評価される体罰等の行為について，立案担当者は，当該行為について，親権者が子に対して不法行為に基づく損害賠償責任を負うことがあり得る，また，刑事法上の責任が問われる場面においては，これが820条の監護教育権の行使に当たるとの理由によってその違法性が阻却されることはないものと考えられると説明する（一問一答・134頁，135頁）。学説上は，他に，親権喪失又は停止の事由の有無の判断の一要素と

なりうること，別居又は離婚時の監護者又は親権者の決定等の際に消極的に考慮される可能性があることが指摘されている。

　＊本章の記述は，原則として，2023年3月までに接し得た情報に基づいている。

〔久保野　恵美子〕

第4章

実親子法の改正 (2022年)

第4章　実親子法の改正（2022年）

I　嫡出推定

改正のポイント

□妻が婚姻中に懐胎した子は夫の子と推定する旨の改正前の民法の規律を維持した上で，女性が婚姻前に懐胎した子であって，婚姻が成立した後に生まれたものは，夫の子と推定するという規律が加えられた（改正772条1項）。

□婚姻の成立の日から200日を経過した後または婚姻の解消もしくは取消しの日から300日以内に生まれた子は，婚姻中に懐胎されたものと推定するという改正前772条2項の規律を維持しつつ，婚姻の成立から200日以内に生まれた子は，婚姻前から懐胎したものと推定されるという規律が加えられた（改正772条2項）。

□女性が子を懐胎した時から子の出生の時までの間に複数の婚姻をしていたときは父性推定が重なり得ることから，そのときは，その出生の直近の婚姻における夫の子と推定することとした（改正772条3項）。

□改正772条3項により，子の出生の直近の婚姻における夫の子と推定されたが，嫡出否認の訴えによりその父の嫡出であることが否認された場合においては，子がその嫡出であることが否認がされた夫との間の婚姻を除いた直近の婚姻における夫を子の父と推定することとした（改正772条4項）。

1 制度・問題の概観

(1) 改正前の法制度

(i) **改正前の嫡出推定制度** 改正前の嫡出推定・否認制度は，以下のような仕組みであった。

改正前772条1項は，「妻が婚姻中に懐胎した子は，夫の子と推定する」とし，妻が生んだ子の父を推定する規定をもうけていた。もっとも，いつ懐胎したかの直接の証明は困難であるため，772条2項で，「婚姻の成立の日から200日を経過した後又は婚姻の解消若しくは取消しの日から300日以内に生まれた子は，婚姻中に懐胎したものと推定する」と規定して，母が懐胎したのはいつかについての推定規定をもうけていた。次の**図1**は，妻が出産した時点を基準としたとき，嫡出推定が及ぶ期間がいつからいつまでなのかを示す図である。なお，改正前772条2項の「婚姻の成立の日から200日を経過した後」という文言は，婚姻の成立の日から201日以後を意味する（大村敦志『民法読解親族編』（有斐閣，2015年）129頁）。

図1

この期間内に生まれた子に嫡出推定を及ぼす（改正前772条2項）

嫡出推定を覆す際には，原則として，嫡出否認の訴え（改正前775条）を提起しなければならない。改正前に嫡出否認の訴えを提起できたのは，夫のみであった（改正前774条）。もっとも，夫

は，子の出生後において，その嫡出であることを承認したときは，その否認権を失う（改正前776条）。出生届を出すことは義務（戸籍法52条1項）なので，同条の承認には当たらない。嫡出否認の訴えは，夫が子の出生を知った時から1年以内に提起しなければならない（改正前777条）。その期間が経過した後は，誰もこの親子関係を否定することができない。

(ⅱ) **改正前の嫡出推定・否認制度の補充ルール**　このような嫡出推定・否認制度の枠組みを補充するルールがあった。

第1が，「推定されない嫡出子」に関するルールである（次頁の図2も参照）。先に述べた改正前772条2項の規律によれば，婚姻の成立の日から200日以内に生まれた子は，婚姻中に懐胎したものとは推定されず，夫の子と推定されない。これによれば，父子関係は認知により成立することとなる（779条）。

これに対して，判例は，婚姻の成立の日から200日以内に生まれた子について，婚姻の成立の前に内縁関係が継続し，母が内縁の夫との間で当該子を懐胎した場合には，父による認知の手続を経ることなく，出生と同時に当然に父母の嫡出子たる身分を有するとされていた（大連判昭和15年1月23日民集19巻54頁）。この判例を受けて，戸籍実務では，婚姻の成立の日から200日以内に生まれた子について，嫡出子の出生届を提出することが認められていた（昭和15年4月8日付け民事甲第432号民事局長通牒。同通牒によれば，内縁関係が先行しているか否かは問われない）。そこで，婚姻前に懐胎したために改正前772条による嫡出推定を受けないが，婚姻成立後200日以内に出生し嫡出子として扱われる子のことを「推定されない嫡出子」と呼んでいた。なお，昭和26年6月27日付け民事甲第1332号民事局長回答は，「婚姻成立後200日以内に出生した子につき母から嫡出でない子として出生届をすること

は差しつかえない」としていた。

　推定されない嫡出子について，夫の嫡出子として出生届が提出された後に父子関係を否定する場合には，嫡出否認の訴えではなく（改正前772条の嫡出推定が及んでいないため），親子関係不存在確認の訴え（人事訴訟法2条2号）が提起される。親子関係不存在確認の訴えの出訴期間に制限はなく，確認の利益が認められれば誰でもこの訴訟を提起できる。嫡出否認の訴えは，親子関係を否定するのに厳格な制限がかけられていたが，こちらにはそのような制限がない。ただし，判例（最判平成18年7月7日民集60巻6号2307頁）により，親子関係不存在確認の訴えの提起が権利濫用として制限される場合がある。

図2

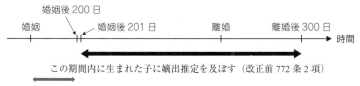

　第2が，「推定の及ばない子」に関するルールである（次頁の**図3**も参照）。判例は，改正前772条2項の期間内に子が出生している事案でも嫡出推定が及ばない場合があり，そのような場合には嫡出否認制度（改正前774条以下）によらずに親子関係不存在確認訴訟（人訴2条2号）により父子関係を否定することを認める。この嫡出否認制度によらずに父子関係の否定が認められる子を「推定の及ばない子」と呼んでいる。

第 4 章　実親子法の改正（2022 年）

　近時の判例（最判平成 26 年 7 月 17 日民集 68 巻 6 号 547 頁，最判平成 26 年 7 月 17 日裁判集民 247 号 79 頁）は，嫡出推定が及ばない場合について，次のように定式化している。「民法 772 条 2 項所定の期間内に妻が出産した子について，妻がその子を懐胎すべき時期に，既に夫婦が事実上の離婚をして夫婦の実態が失われ，又は遠隔地に居住して，夫婦間に性的関係を持つ機会がなかったことが明らかであるなどの事情が存在する場合には，上記子は実質的には同条の推定を受けない嫡出子に当たるということができるから，同法 774 条以下の規定にかかわらず，親子関係不存在確認の訴えをもって夫と上記子との間の父子関係の存否を争うことができると解するのが相当である」。判例は，外観上，妻が子を懐胎すべき時期に夫による懐胎が不可能であることが明らかな場合に限って，嫡出推定を及ぼさないとする立場（このような立場を「外観説」という）を採用していると解されている。

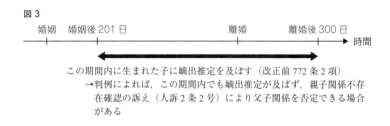

図 3

　第 3 に，後述する無戸籍者問題への対応として，法務省は平成 19 年 5 月 7 日に次のような通達（民一第 1007 号法務省民事局長通達）を出した。すなわち，婚姻の解消後 300 日以内に生まれた子について，「懐胎時期に関する証明書」が添付され，当該証明書の記載から，推定される懐胎の時期の最も早い日が婚姻の解消日より後の日である場合に限り，婚姻の解消後に懐胎したと認めら

れ，772条の推定が及ばないものとして，①母の嫡出でない子としての出生届または②後婚の夫を父とする嫡出子出生届を提出することが可能となった。

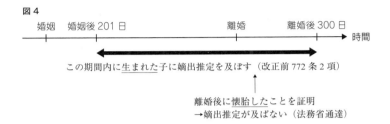

　図4にあるように，改正前の772条2項の推定は妻が子を「出産」した時期を基準とするものである。これに対して，法務省通達は，妻がいつ「懐胎」したかに着目して，離婚後に懐胎したことが医師の証明書により確認されれば，改正前772条2項による懐胎時期の推定を覆すことを認めている。改正前772条2項による推定を，嫡出否認の訴えによらずに，裁判外の証明により覆すことを認める点にこの通達の特徴がある。

　(iii) **再婚禁止期間**　　改正前733条1項は次のように規定していた。

　「女は，前婚の解消又は取消しの日から起算して100日を経過した後でなければ，再婚をすることができない。」

　このように，前婚が夫の死亡または離婚により解消された場合，および前婚が取り消された（743条〜747条）場合に，女性に100日の再婚禁止期間をもうけていた。

　その趣旨は，父性の推定の重複を回避し，もって父子関係をめぐる紛争の発生を未然に防ぐことにあるとされていた（最大判平

第 4 章　実親子法の改正（2022 年）

成 27 年 12 月 16 日民集 69 巻 8 号 2427 頁を参照）。その意味について，**図 5** を用いながら確認する。

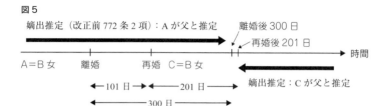

図 5

　婚姻していた男性 A と女性 B が離婚し，その 101 日後に，B が男性 C と再婚したとしよう。A との離婚後 300 日以内に子が生まれた場合は，改正前 772 条 2 項によりその子は A の嫡出子と推定される。そして，B が C と再婚をして，200 日経過した後に生まれた子は，C の嫡出子と推定される。

　つまり，改正前のルールによれば，100 日の再婚禁止期間を設定すると，A の子と嫡出推定される場合と，C の子と嫡出推定される場合とは重ならないこととなる。このように，前夫 A と再婚後の夫 C との嫡出推定の重複を回避するというのが，100 日の再婚禁止期間をもうけた趣旨であった。

　なお，再婚禁止期間内に女性が再婚の届出をしたところ，誤って受理され，その女性が出産したところ，その出産した日が前婚解消または取消しの日から 300 日以内であり，かつ，再婚成立の日から 200 日を経過した後であるという場合，その生まれた子は，改正前 772 条 2 項の規定により，前婚の夫の子と推定されると同時に再婚の夫の子とも推定される。つまり，嫡出推定の重複が生じる。このような場合を念頭に置いて，改正前 773 条は，その子の父を裁判所が定めるべきことを規定している。

(2) 見直しの必要性

　改正前の嫡出推定規定について，改正法の準備を行った法務省法制審議会民法（親子法制）部会において，「婚姻関係を基礎として，子の懐胎・出生時期を基準に，父子関係を推定することで，生まれた子について逐一父との遺伝的つながりの有無を確認することなく，早期に父子関係を確定し，子の地位の安定を図るものであり，DNA型鑑定の技術が発展した現代においても，子の利益のために重要な規定であるといえる」（中間試案の補足説明・13頁）という理解が示されている。その上で，以下に示すような事情があるために，推定規定の見直しが必要であるという認識が示されている。見直しの必要性に関しては，見直し全般にかかわる問題と，個別の規定の見直しに関わる問題がある。ここでは，前者を総論的問題として紹介しつつ，後者の各論的な問題としては，主要な見直しの1つである婚姻前懐胎，婚姻後出生の規律の見直しのみ紹介する。他の個別の規定の見直しは，基本的に婚姻前懐胎，婚姻後出生の規律の見直しに伴うものである。

　(i) **総論1：無戸籍者問題**　　第1に，無戸籍者問題を解消するという視点から，見直しが必要であるとされている（中間試案の補足説明・13頁）。

　嫡出推定規定により推定される父がいる場合には，戸籍実務上，その者を父とする出生届を提出しなければならない。たとえば，離婚後300日以内に母が子を出産したが，前夫と子との間に生物学上の父子関係が存在しないときであっても，届出により前夫を父とする戸籍が作成されることになる。

　戸籍上，生物学上の父を父とするには，①前夫による嫡出否認の訴え（改正前774条）により嫡出推定を覆せば，戸籍を訂正す

第4章　実親子法の改正（2022年）

ることができる。②生まれた子が「推定の及ばない子」である場合には，先に紹介した判例法理により，子または母が親子関係不存在確認の訴え（人訴2条2号）を提起して，前夫と子との間に及んでいる嫡出推定を覆すことにより，戸籍を訂正することができる。①または②により，嫡出推定が覆されると，生物学上の父は，子を認知することにより親子関係を確立することができる（生物学上の父は，嫡出推定が及んでいる限り，認知をすることができない）。

　もっとも，上記いずれの手続をする際にも，母は前夫とコンタクトを取らなければならない。なぜなら，嫡出否認の訴えの提訴権者は，改正前においては夫のみであったし，母に提訴権のある親子関係不存在確認の訴えにおいても，相手方は前夫となるからである。しかし，離婚の原因として前夫による暴力があった場合など，母にとって前夫と接触することが耐え難い場合もある。

　このため，前夫以外の者との間の子を出産した母が，上記のような手段を取らずに，そもそも出生届を提出せず，子が無戸籍者となる事例が生じた。このような問題を一般に無戸籍者問題と呼んでいる。

　ただし，母が前夫と接触することなしに，嫡出推定を覆す方法も存在していた。

　第1に，最判昭和44年5月29日民集23巻6号1064頁は，推定の及ばない子であるとされた場合に，子（母が代理する）から生物学上の父に対する認知の訴えの提起を認める。生まれた子が推定の及ばない子であることについては，認知の訴えの前提問題として主張されることになるが，前夫はこの訴訟の直接の当事者とはならない。

　第2に，最高裁昭和44年判決を前提とした，認知調停がある

（認知調停に関しては，裁判所ホームページの記載 https://www.courts.go.jp/saiban/syurui/syurui_kazi/kazi_07_18/index.html を参照）。認知の請求に関しては，家庭裁判所に訴えを起こす前に調停を経なければならない（家事事件手続法244条）。そこで，子（母が代理する）と生物学上の父の間で調停を行い，当事者が合意に達した場合，家庭裁判所は，「合意に相当する審判」をなすことができる（家事事件手続法277条1項）。ただし，家裁は必要な事実を調査した上，調停委員の意見を聴き，正当と認めるときでないとこの審判はできない（同277条3項）。ここでも前夫は直接の当事者とはならない。

ただし，第1，第2のいずれについても，前夫の関与なしに嫡出推定を覆すことを認めることに対して批判的な学説（たとえば，窪田充見『家族法〔第4版〕』（有斐閣，2019年）203-204頁（第1の手段について），209-211頁（第2の手段について））も有力であり，法務省法制審議会での議論においても，前夫の関与という点が1つの焦点となった。

なお，令和3年1月10日時点での全国の法務局から法務省に連絡のあった無戸籍者数は累計3393名であるが，そのうち2492名は，その後親子関係不存在確認の裁判を経るなどして戸籍に記載された。同日時点で無戸籍者の数は901名であった。

(ii) **総論2：家族をめぐる社会の変化**　嫡出推定制度の見直しは，無戸籍者問題だけでなく，家族をめぐる社会の変化からも要請されると指摘されている。すなわち，嫡出推定制度は，昭和22年の民法改正の際も，明治以来の規定（明治民法820条以下）を基本的に引き継ぐ形で定められたものであるが，近年，離婚・再婚の増加，懐胎を契機に婚姻する夫婦の増加などの社会の変化が生じていること等を踏まえると，無戸籍者問題の解消以外の観点

第4章　実親子法の改正（2022年）

からも見直しをする必要があると考えられる（以上につき，中間試案の補足説明・13頁）。

　(iii)　**各論：婚姻前懐胎，婚姻後出生の規律の見直し**　　後にみるように（2(2)(i)），改正772条1項は，女性が婚姻前に懐胎した子であって，婚姻が成立した後に生まれたものは，夫の子と推定することとしている。そのような見直しをする必要があるのはなぜかという点について，ここで紹介する（以下につき，中間試案の補足説明・16-17頁，19頁）。

　先に述べた通り（1(1)(ii)），改正前は，婚姻の成立の日から200日以内に生まれた子について，改正前772条2項による嫡出推定は及ばなかった。この時期に生まれた子については，「推定されない嫡出子」として，戸籍実務上，嫡出子としての出生届を提出することができたが，嫡出推定は及んでいないため，出訴期間に制限のない親子関係不存在確認の訴えにより父子関係を否定することが可能であった。

　そのため，婚姻の成立の日から200日が経過した後に生まれた子が，嫡出推定制度によりその地位が安定するのに対して，子の地位が不安定になっているとの指摘がある。このため，婚姻後200日以内に出生した子についても，夫の子との推定を及ぼし，その法的地位を安定させる必要が高いと考えられる。

　また，婚姻後200日以内に出生した子は夫の子である蓋然性が高いといえる統計的なデータも存在する。

　第1に，妊娠を契機に婚姻する夫婦が増加しているという社会の変化があることを示している統計的データがある。婚姻しているカップルの第1子のうち，婚姻してから出産するまでの期間が，妊娠期間よりも3週間以上短い子の割合が（妊娠週数の考えから発生する妊娠期間のずれと，婚姻の届出や同居の開始がハネムーン後にな

ることがあることを考慮している），昭和 55 年には 12.6％ であったが，平成 12 年には 26.3％，平成 21 年には 25.3％ となっている（平成 13 年度および平成 22 年度厚生労働省人口動態特殊統計「出生に関する統計」）。

第 2 に，法務省で実施した調査の結果によると，婚姻後 200 日以内に出生した子のうち，99.5％ は推定されない嫡出子で，婚姻後の夫が父となっている（統計の詳細は，中間試案の補足説明・19 頁（注 10）を参照）。

2 改正の議論と立法の内容

制度の見直しの際に，嫡出推定制度自体を維持することが相当であるということが前提とされていることは，先に述べた通りである。その上で，見直しの趣旨としては，①子が夫の生物学上の子である蓋然性が高いことを基礎とした上で，子の養育環境といった事情等も考慮していること，②懐胎を契機として婚姻に至るカップルの増加といった社会実態等も踏まえていることが示されている（部会資料 25-2・5 頁）。

以下では，まず，改正法として実現はしなかったものの，法制審議会で無戸籍者問題を解消する方法として議論がなされた，別居証明による推定ルールを回避する仕組みに関する議論を紹介する（(1)）。その上で，最終的に実現した立法の内容について紹介する（(2)）。

(1) 実現しなかった提案

無戸籍者問題が生じた 1 つの要因に，離婚の原因が前夫による暴力があった場合など，母にとって前夫と接触することが耐え難

い場合があるという事情がある。そこで，母が前夫と関与しない形で子の出生届を出すことができれば，無戸籍者問題を解消する有力な手立てとなる。この点，後に見るように，女性が離婚後に再婚をし，その後に子を出産した場合には，たとえその子を離婚後300日以内に出産したとしても，改正772条3項により生まれた子は再婚後の夫の子と推定される。つまり，改正により，前夫の関与なく，再婚後の夫を父とすることができるようになった。この点は無戸籍者問題解消という観点から見ても有用な改正であるように思われる。法制審議会では，さらに，改正772条3項が適用される場合以外にも，前夫の関与なく，前夫以外の者を父とすることができないかの検討がなされた。

その1つの方策として，おおよそ以下の①および②の方策が提案された（正確な提案は部会資料20・24頁，31-32頁を参照。以下の①および②はポイントのみを簡略化して提示している）。

①「推定の及ばない子」に関する判例のルールを明文化する，すなわち，子が婚姻の本旨に反する別居中に懐胎され，かつ，当該別居中または当該別居に引き続く夫婦の婚姻の解消後に出生した場合，嫡出否認の訴えを提起することなく，㋐親子関係不存在確認の訴えにより親子関係を否定できる，または，㋑認知の訴えを提起することができることとする。懐胎時に夫婦の一方が刑事施設に収容されていることその他妻が夫の子を懐胎することを妨げる客観的な事情があるときも，同様とする。

②母は，上記①の事情が明らかにあることを証する書面を添付して，戸籍窓口で夫の子でない出生届（嫡出でない子としての出生届または懐胎時における夫以外の者の嫡出子出生届）を提出することができる。

しかし，これらの提案は実現しなかった。その理由は以下の通

りである。

　②については，次のような理由が指摘されている。（ア）戸籍事務管掌者は，形式的審査権しか有しない，すなわち，書類の不備や法令違反の有無の審査をする権限しか有しない。②の仕組みを作るには，戸籍事務管掌者の審査権限を前提としながら，届出により嫡出推定の例外事情を認定することの適正性を確保しなければならない。もっとも，法制審議会における審議においては，本来，嫡出否認等の調停や訴訟という裁判手続によらなければ嫡出推定の例外は認められないものである以上，戸籍窓口での形式的な審査のみで嫡出推定の例外事情の有無の認定をするとしても，夫に争う機会を与えるために，届出がなされた旨の通知を夫に行う必要があるという意見には十分な理由があるものとの評価がされている（部会資料22-3・2頁）。無戸籍者問題は，母が，前夫の子であることを否定するのに際し，前夫にそれを知られたくないという要望があることに端を発している。夫への通知が必要となると，②のような制度を設けることの意味は大きく減殺されることとなる。（イ）夫の子でないとする出生届の真実性を担保する観点からは，届出の添付資料として，懐胎時期に関する医師の証明書のほかに，懐胎時期における事情を示す書面としてDV保護命令決定書または夫婦の一方が刑事施設等に在所していたことの証明書もしくは夫婦がそれぞれ異なる国に居住していたことを明らかにする渡航時期に関する証明書の提出を要するものとすることが考えられるが（添付書類につき，部会資料20・31-32頁（注2）も参照），その他の資料でこれらに比肩する証拠力を有するものは容易に想定できない。そうすると，この制度を利用できる事案は限定的なものとならざるを得ず，無戸籍者問題を解消するための制度としてどの程度実効的であるかは慎重に検討する必要があ

る。また，限定的な場合にしか例外が認められないとすると，戸籍窓口でトラブルとなる事態を招くおそれがある（部会資料 22-3・2-3 頁）。戸籍事務管掌者が形式的な審査権のみを有することを前提に，子が婚姻の本旨に反する別居中に懐胎されたことを確実に示す資料をより簡易な形で提出する仕組みの実現は，他の国のように別居を法定する制度もない状況の下では難しいというのが法制審議会での審議を経て出された結論であるといえる。

①についても，明文化をすることは断念され，推定の及ばない子に関する判例法理を踏まえた解釈に委ねられることとなった。①のように判例法理を立法化すると，生まれた子について，裁判手続等を経ることなく，当然に夫の子ではないものと扱われることとなる。もっとも，現行法の下での推定の及ばない子の判例法理の法的効果については，さまざまな理解があり得た（以上につき部会資料 22-3・3 頁）。たとえば，①の提案は，判例法理について，(1)子の懐胎時に夫婦の実態が失われている場合，または(2)夫婦間に性的関係を持つ機会がなかった場合に嫡出推定の排除がなされるという理解が前提とされているが，判例により展開されたルールについては他の理解の仕方もあり得ることが指摘されている（木村敦子「嫡出推定の及ばない子の範囲」大村敦志＝沖野眞已編『民法判例百選Ⅲ〔第 3 版〕』（有斐閣，2023 年）61 頁）。つまり，判例法理を立法化することによりある理解の仕方に固定化してしまうことになる。最終的には，届出による嫡出推定の例外を認める制度を導入しない場合に，あえてこの規律を設ける意義は乏しいものと考えられた（部会資料 22-3・3 頁）。

以上のように，①および②という無戸籍者問題に積極的に対応するための提案は実現しなかった。それは，前夫の関与なしに，あるいは前夫の知る機会のないまま，嫡出推定を排除する立法を

行うことの難しさを示している。それと同時に、上記のような議論の帰趨は、実体法である民法のレベルで、無戸籍者問題、あるいは無戸籍者問題の背後に潜む問題に対応できることの限界を示しているようにも思われる。たとえば、前夫と接触したくないという事情は、相手方に住所を知らせないなど、訴訟における手続的なレベルでの対応による解決を検討すべきという意見もある（石綿はる美「嫡出推定・否認制度の再検討」論究ジュリスト32号（2020年）42頁）。配偶者から暴力があった場合の被害者の心身の保護やプライバシーの保護といった問題に対して、さらなる法制度上の対応が求められることも言うまでもない。このような難しさがある中でどのような法改正が実現したのか、以下において紹介することとする。

(2) **立法の内容**

(i) **改正772条1項前段**　改正772条1項前段は、「妻が婚姻中に懐胎した子は、当該婚姻における夫の子と推定する。」と規定する。これは、妻が婚姻中に懐胎した子は夫の子と推定する旨の改正前の民法の規律を維持するという意味を持つ。

その理由として、改正前772条1項の規律は、夫婦の同居義務や貞操義務に基づき、事実として、妻が婚姻中に懐胎した子は夫の子である蓋然性があること、夫婦の協力・扶助義務に照らせば、夫婦による子の養育が期待できることに変わりはないこと等から、この規律は維持することが相当であるという点が指摘されている（部会資料25-2・5-6頁）。

(ii) **改正772条1項後段**　改正772条1項前段に続いて、1項後段は、「女が婚姻前に懐胎した子であって、婚姻が成立した後に生まれたものも、同様とする。」と規定する。改正前772条

第4章　実親子法の改正（2022年）

1項は、「妻が婚姻中に懐胎した子は、夫の子と推定する。」という規律のみであったのに対し、改正により、女性が婚姻前に懐胎した子であって、婚姻が成立した後に生まれたものは、夫の子と推定する旨の規律が新たに追加されることとなった。その結果、**図6**のようになる。

図6

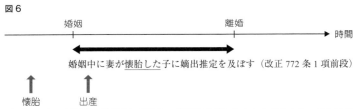

改正772条1項後段：婚姻前に懐胎し、婚姻成立後に生まれた場合も夫の子と推定

　改正772条1項後段をもうけた理由については、（ア）婚姻前に懐胎した場合には、懐胎時には夫婦の同居義務や貞操義務はないものの、子が婚姻後に出生している場合には事実として夫の子である蓋然性が高いこと（1(2)(ⅲ)で紹介した婚姻後200日以内に出生した子のうち、99.5％は推定されない嫡出子で、婚姻後の夫が父となっているとする法務省の調査結果を引用する）、（イ）夫婦の協力・扶助義務に照らせば、夫婦による子の養育が期待できること、（ウ）婚姻前に懐胎した子であっても婚姻成立後に生まれた子は夫の子と推定することにより、夫婦間の性関係や婚姻関係が直ちには明らかにならないという意味で家庭の平穏に資すること等が指摘されている。以上の根拠に加えて、（エ）妊娠した後に婚姻する夫婦が増加しているという社会の変化（1(2)(ⅲ)で紹介した婚姻しているカップルの第1子のうち、婚姻してから出産するまでの期間が、妊娠期間よりも3週間以上短い子の割合が増加傾向にあるデータを引用する）

等を踏まえると，現在においては，婚姻前に懐胎し，婚姻成立後に子を出産した場合には，交際期間中に妊娠が判明したことを契機として婚姻に至るケースが多数あるものと想定される。そのようなケースにおいて，女性が懐胎していることを認識した上で婚姻する夫は，生まれた子を自らの子として養育していく意思を有しているのが通常であると考えられることも，夫の子と推定する根拠となると考えられる（以上につき，参考資料 21・2 頁）。

なお，改正 772 条 1 項後段は，子の出生前に婚姻の解消または取消しに至ったとしても，その夫の子と推定するものである点に注意を要する（**図 7** は，離婚の場合を例としている）。

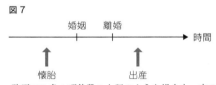

改正 772 条 1 項後段：上記のような場合も，夫の子と推定する

このような規律としていることの理由としては，下記のような点が挙げられる（以下について，より詳しくは参考資料 21・2-3 頁を参照）。（ア）妻が婚姻前に懐胎し，かつ，婚姻後に出生した子については，夫の生物学上の子である蓋然性が高いと考えられるところ，この理は，子の出生前に婚姻の解消または取消しに至ったからといって変わるものではないと考えられる。このような観点は，婚姻解消等の後 300 日以内に生まれた子は，婚姻中に懐胎されたものと推定し，夫の子と推定することとしている点と何ら違いはない。（イ）婚姻前に懐胎した女性と婚姻する夫は，その懐胎の事実を認識した上で婚姻する場合が多く，そのような夫は，生まれた子を自らの子として養育する意思を有しているのが通常

であると考えられるところ，かかる事情は，その後子の出生前に婚姻の解消または取消しに至ったとしても，存在しなかったこととなるものではない。

　改正772条1項後段が新設され，婚姻前に懐胎した場合でも，婚姻後に出産した場合に嫡出推定を及ぼしたことにより，婚姻前に胎児認知（783条1項）がされていた場合において，母が子の出生前に婚姻をしたときに嫡出推定を及ぼすかが問題となった。この点については，胎児認知がされた場合においても，嫡出推定を及ぼした方が子の地位の安定につながることや，今回の改正においても認知は嫡出でない子に対してされるものであるとの改正前の認知制度の前提（779条参照）を維持することとしたことなどから，婚姻前に胎児認知がされている場合においても，母が子の出生前に婚姻をしたときは，嫡出推定を及ぼすことが相当であるとの立場が採用されることとなった。こうして，「前項〔筆者注：胎児認知の規定〕の子が出生した場合において，第772条の規定によりその子の父が定められるときは，同項の規定による認知は，効力を生じない。」と規定する改正783条2項が新設された。

　(ⅲ)　**改正772条2項**　　改正前772条2項は，懐胎時期は外形上明らかではないことなどから，子の出生時期が婚姻の成立の日から200日を経過した後または婚姻の解消もしくは取消しの日から300日以内であるときは，その子は婚姻中に懐胎したものと推定していた。妊娠の期間等に関する現在の医学的知見に照らしても，この期間は合理的なものであるとの評価がなされており（部会資料25-2・7頁），この規律は改正後も維持されている。

　立法準備段階において，懐胎時期の推定の始期を，現行法の200日より短い期間とすることも検討されたが，出産時の妊娠別出生児数の統計を見ると，妊娠齢29週（203日）未満の件数は，

2019年および2018年のいずれにもおいても約0.3%であることからすると（部会資料19・4-5頁の注を参照），子が胎内にいる期間，いわゆる一般的な懐胎期間が200日から300日であることに変わりはなく，結論において，懐胎時期の推定の始期については，改正前の200日を維持することが相当であるとされている（部会資料19・2-3頁）。

また，婚姻の解消または取消しの日から300日以内に生まれた子は，婚姻中に懐胎したものと推定されているが，死別・離婚・取消しといったそれぞれの場面ごとに改正前の規律を維持することが妥当であるのかについての検討も行われた（以下について，中間試案の補足説明・20-21頁）。婚姻の解消の原因が死別の場合について，改正前の規律を維持する理由としては，直前まで夫婦の同居および性関係が継続している可能性が高く，一般的に生まれた子が前夫の子である蓋然性が低いとはいえないと考えられることが挙げられる。婚姻の解消が離婚による場合については，離婚の直前の時期に夫婦関係が破綻しており，死別の場合と異なるのではないかとの指摘もあったが，（ア）離婚前の別居制度が法定されておらず，また，協議離婚を認める我が国の法制の下では，必ずしも，離婚の直前の時期に夫婦の性関係が失われているということはできず，離婚後に生まれた子が，一般的に前夫の生物学上の子である蓋然性が低いとはいえない（厚生労働省の平成29年人口動態統計「中巻 離婚 第2票 離婚件数，届出月・同居をやめた年月別」によれば，平成29年中に離婚した夫婦（総数21万2262件）のうち，離婚前1か月以内に同居をやめた夫婦は約52.8%（11万2275件），離婚前5か月以内に同居をやめた夫婦は約78.1%（16万5788件）とされている），（イ）前夫の子と推定しないこととすると，生まれた子は認知によらなければ法律上の父が確保されないことになるため，総体と

第4章　実親子法の改正（2022年）

して，子の利益が害される事態が増加する，といった理由により改正前の規律が維持されている。婚姻の取消しの場合についても，その取消しの原因はいずれも婚姻成立時から存在する事由であり，必ずしも，夫婦関係が悪化し破綻に至ったというわけではなく，婚姻の取消し後に生まれた子が，一般的に前夫の生物学上の子である蓋然性が低いとまではいえないという理由により改正前の規律が維持されている。

なお，改正772条1項前段または後段の各規律の適用の有無について，外形上明らかな事実である出生時期を基準として判断できるようにするため，婚姻の成立の日から200日以内に生まれた子は，婚姻前に懐胎したものと推定する旨の規律を加えることとされている（部会資料25-2・7頁）。

改正772条1項および2項の規律がもうけられたことにより，「推定の及ばない子」に関する判例法理（1(1)(ii)を参照）は改正後に適用可能なのか，適用されるとして改正前と比べて修正されうるのかということが問題となる。問題は2つに分かれる。

第1は，離婚前に懐胎され，離婚後300日以内に出産された場合に，「推定の及ばない子」に関する判例法理が適用されるのか，されるとしてどう適用されるのかという問題である。なお，離婚後に懐胎した場合については，改正後も引き続き平成19年の法務省通達に基づき，「懐胎時期に関する証明書」を添付して，母の嫡出でない子としての出生届を提出することが可能となる（改正前は，同通達により再婚後の夫を父とする嫡出子出生届も提出可能であったが，改正後は，「懐胎時期に関する証明書」を添付することなく，改正772条3項により再婚後の夫に推定が及ぶことになる）。

立法の準備段階では，婚姻中に懐胎されたものと推定される子について，実質的には夫の子であるとの推定が及ばないものとし

て取り扱うことを認める判例法理は維持されることになるという理解が示されている（部会資料25-2・6頁）。もっとも，上記判例法理は，改正前に嫡出否認の訴えの提訴権者が夫のみであり，子や母により否認する手段がなかったこと，否認権の行使期間は夫が子の出生を知った時から1年以内という短期間であったことに対する救済という側面もあった。IIで詳しく述べるように，今回の改正により，嫡出否認の訴えの提訴権が子や母などにも認められる（改正775条）とともに，否認権の行使期間も見直された（改正777条）。このような改正後の状況の下で，否認権を有する者が否認権行使期間経過後に，「推定の及ばない子」の判例法理を適用できるかを検討する際には，否認権を行使しようと思えばできたという事情をどのように考慮するかが問題となる。他方で，「推定の及ばない子」の判例法理には，推定の及ぶ（前）夫の関与なしに生物学上の父に対する認知請求を行いうるという，改正後の嫡出否認制度にはないメリットがある（判例法理の実際的必要性を指摘するものとして，木村・前掲61頁）。改正後に「推定の及ばない子」に関する判例法理が従前通り適用されるのかについては裁判例の行方を注視する必要がある。

第2に，「推定の及ばない子」に関する判例法理は，婚姻前に懐胎され，婚姻の成立後に出生した子にも適用可能なのかという問題がある。立法の準備段階では，この問題は，解釈に委ねられることとなるとしている（部会資料25-2・6頁）。その上で，判例法理の適用を肯定する方向に作用する要素，否定する方向に作用する要素，双方を提示する（部会資料25-2・6-7頁）。否定する方向に作用する要素として，婚姻前については同居していない状況で懐胎するケースも相当程度あることから，仮に，婚姻前懐胎の場合についても，婚姻中懐胎の場合と同様に，懐胎時期に夫婦が

第4章 実親子法の改正（2022年）

別居をしていた事例に推定の及ばない子の法理の適用が広く認められるものとすると、相当多数の事例において推定が及ばないこととなり、婚姻前に懐胎した場合も夫の子と推定するとの規律を設けた趣旨を損なうのではないかという懸念がある。肯定する方向に作用する要素として、婚姻前懐胎子も婚姻中懐胎子も夫の子と推定される点で変わるものではなく、一般的には、夫の生物学上の子である蓋然性において婚姻中懐胎子は婚姻前懐胎子に相対的に勝るものと考えると、婚姻中懐胎子について認められる推定の及ばない子の法理の適用について婚姻前懐胎子であることのみを理由に制限することとするのは合理性に欠けるという指摘がある。以上の要素を踏まえて、立法の準備段階では、「婚姻前懐胎子について、推定の及ばない子の法理がそのまま適用されるかどうかはともかく、嫡出否認の訴えによることなく、父子関係を争うことも否定されるものではないとの解釈も成り立ち得ると考えられる」（部会資料25-2・6-7頁）と述べられている。第1の問題と同様、否認権を有する者が否認権行使期間経過後に、推定の及ばない子の法理、あるいは推定の及ばない子の法理とは異なる形での父子関係を否定する法理を適用できるかを検討する際には、否認権を行使しようと思えばできたという事情をどのように考慮するかが問題となる。また、推定の及ばない子の法理を適用する際には、その要件の1つである、妻がその「子を懐胎すべき時期に、既に夫婦が事実上の離婚をして夫婦の実態が失われ」たことを婚姻前懐胎の場合にどのように認定するのかも必ずしも明らかでない（石綿はる美「嫡出推定・否認制度の見直しをめぐって（その1）——嫡出推定と『婚姻』・『意思』」法学セミナー816号（2023年）105頁）という問題もある。今後の裁判例の行方を注視する必要がある。

(iv) **改正772条3項**　　改正772条1項・2項のように、婚姻

前に懐胎し，婚姻後に出生した場合にも嫡出推定が及ぶこととした場合，離婚後直ちに再婚をし，再婚後間もなく出生したときなどに，嫡出推定の重複が生じることになる。

図8

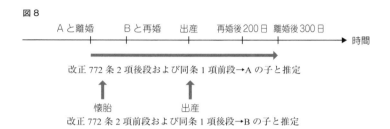

図8は，女性がAと離婚をし，直ちにBと再婚をしたが，Aとの離婚後300日以内，かつBとの再婚後200日以内に子を出産した例を示している。この場合，離婚後300日以内に生まれているので，改正772条2項後段により婚姻中に懐胎したものと推定され，同条1項前段によりAの子と推定される。それと同時に，再婚後200日以内に生まれているので，改正772条2項前段により婚姻前に懐胎されたものと推定され，同条1項後段によりBの子と推定される。つまり，嫡出推定の重複が生じている（改正により再婚禁止期間が廃止されたことについては(iv)で後述する）。このような場合に対処するのが改正772条3項である。

より頻度としては少ないものと思われるが，改正772条2項前段および同条1項後段の推定が複数及ぶ場合にも，嫡出推定の重複が生じる。

第 4 章　実親子法の改正（2022 年）

図 9

改正 772 条 2 項前段および同条 1 項後段→A の子と推定されるとともに
　　　　　　　　　　　　　　　　　　B の子と推定される

　図 9 は，女性が A と婚姻をした後直ちに離婚をし，B と再婚をした後に，A との婚姻後 200 日以内，かつ B との再婚後 200 日以内に出産をしたという例を示している。この場合，A との婚姻後 200 日以内に出産しているので，改正 772 条 2 項前段により A との婚姻前に懐胎されたものと推定され，同条 1 項後段により A の子と推定される。さらに，B との婚姻後 200 日以内に出産しているので，改正 772 条 2 項前段により B との婚姻前に懐胎されたものと推定され，同条 1 項後段により B の子と推定される。つまり，この場合も，嫡出推定の重複が生じている。このような場合も含めて対処するのが，改正 772 条 3 項である。

　改正 772 条 3 項は，「第 1 項の場合において，女が子を懐胎した時から子の出生の時までの間に 2 以上の婚姻をしていたときは，その子は，その出生の直近の婚姻における夫の子と推定する。」と規定している。先ほどの**図 8** および**図 9** の例では，生まれた子はいずれも再婚後の夫 B の子として推定される。

　再婚後の夫の子として推定する根拠については，①子の出生の直近の婚姻における夫は，懐胎中の女性と婚姻し，その後に子が出生していることからすると，当該夫の子である蓋然性があること，②夫婦による子の養育が期待できることが挙げられる（以上につき，部会資料 25-2・7 頁。**図 8** のケース，**図 9** のケースそれぞれに

ついて、改正772条3項の規律が妥当であることを説明するものとして参考資料21・4頁)。

①の再婚後の夫の子である蓋然性が高いことを裏付けるデータとして、次のようなものがある(中間試案の補足説明・26頁(注16))。法務省において、平成29年6月時点における、全国で平成26年から平成28年に出生した子(302万9074件)のデータを調査したところ、㋐母の婚姻解消後300日以内かつ婚姻後200日以内に出生した子の数は、1717件であり、㋑母の再婚後の夫を父とする子1659件であり、㋐の96.6%であった。これに対し、㋒母の前夫(婚姻解消後300日以内)を父とする子は58件(㋐の3.4%)であった。なお、㋒については、令和元年6月時点のデータを調査したところ、嫡出否認の裁判等を理由に52件(㋐の3.0%)に減少していた。

改正772条3項は、前婚の解消の原因が死別の場合にも適用される。改正の準備段階では、前夫の死別による婚姻解消の日から300日以内に生まれた子については、再婚後の夫の子と推定せず、父を定めることを目的とする訴えにより父を定めることとする案も検討された(中間試案・第2の1③の乙案)。しかし、①死別による婚姻解消の場合であっても、懐胎中の女性と婚姻し、その後に子が出生しているという点においては、離婚による婚姻解消の場合と何ら異なるものではなく、子が再婚後の夫の子である蓋然性はあること、②夫婦による子の養育が期待できること、③親子関係の基本的な規律である772条の規律はできるだけ分かりやすいものにすることが望ましいと考えられることなどから、死別の場合も、離婚の場合と同じく、子の出生の直近の婚姻における夫の子とすることが相当であることとされた。

この改正は、改正772条1項前段の嫡出推定の例外として、複

第 4 章　実親子法の改正（2022 年）

数回の婚姻のうち父子関係が存在する蓋然性が相対的に高い，子の出生の直近の婚姻を基準として嫡出性を推定するという合理的な規律を設けるものであり，将来にわたって無戸籍者問題を解消することにつながるものと考えられる（部会資料 25-2・7 頁）。

　(v)　**改正 772 条 4 項**　改正 772 条 3 項により，先に見た**図 8**や**図 9**の場面で，再婚後の夫の子であるという推定がされるが，再婚の夫や子等が否認権を行使し，推定される父子関係が否認されるということが考えられる。そのような場合について規律しているのが，改正 772 条 4 項である。

　改正 772 条 4 項は，「前 3 項の規定により父が定められた子について，第 774 条の規定によりその父の嫡出であることが否認された場合における前項の規定の適用については，同項中『直近の婚姻』とあるのは，『直近の婚姻（第 774 条の規定により子がその嫡出であることが否認された夫との間の婚姻を除く。）』とする。」と規定する。つまり，改正 772 条 3 項により，推定の重複があった場合には，出生の直近の婚姻における夫の子と推定されるが，子が「出生の直近の婚姻における夫」の嫡出であることが否認された場合には，その婚姻を除いた直近の婚姻の夫の子と推定されることになる。改正 772 条 3 項で紹介した**図 8**，**図 9**の事案でいえば，B の子との推定が否認された場合には，A の子と推定されることになる。

　改正 772 条 4 項のような規律を設けた趣旨については，改正 772 条 3 項の法的性質をどのように理解するかによって異なると考えられる。すなわち，上記規律の法的性質について，（ア）母の再婚の日から前婚の解消または取消しの日の後 300 日までの期間は，前婚と再婚の双方の嫡出推定が存在しているが，再婚の嫡出推定が優先しているという理解と，（イ）前婚の解消または取

消しの日の後300日以内であっても、母の再婚後は前婚の嫡出推定は排除されており、母の再婚の日から前婚の解消または取消しの日の後300日までの期間は、再婚の嫡出推定のみが存在しているという理解があり得る。上記（ア）のように考えれば、否認の効果により、劣後していた前夫の子であるという推定が依然として存在するという説明をすることができる。上記（イ）のように考えた場合には、（嫡出推定の重複という複雑な法律関係を回避した上での）父子関係の早期安定の確保などの制度的要請から、前婚の嫡出推定が復活すると説明することが考えられる（以上につき、中間試案の補足説明・28-29頁）。

この改正が（ア）の理解をとるか（イ）の理解をとるかについては、必ずしも明らかではないが、改正772条3項の規定が適用される場合に、前婚の嫡出推定が排除される、つまり推定が全く及ばないという理解は原則規定である改正772条1項の規定との整合性がつきにくいように思われる。このため、（ア）の理解をとる方が、改正772条各項の規定をより整合的に理解できるように思われる（（ア）の理解をとるものとして、前田陽一「民法772条をめぐる解釈論・立法論に関する2、3の問題」松原正明＝道垣内弘人編『家事事件の理論と実務第1巻』（勁草書房、2016年）219頁、石綿・前掲法学セミナー106頁）。

(vi) **再婚禁止期間の廃止**　1(1)(iii)で見た通り、改正前733条において100日の再婚禁止期間を設けた趣旨は、前夫と再婚後の夫との嫡出推定の重複を回避するという点にあった。

これに対して、改正772条3項により、母の再婚後に生まれた子は再婚後の夫の子と推定されることとなる。その結果、父性推定の重複は生じないこととなるため、女性に係る再婚禁止期間を定める733条を削除することとした（部会資料25-2・8頁）。

第 4 章　実親子法の改正（2022 年）

　改正前には，再婚禁止期間内に再婚の届出がなされたところ，誤って受理され，その結果再婚後に生まれた子について嫡出推定の重複が生じた場合に，改正前773条は裁判所が父を定めることとしていた（**2**(1)(ⅲ)）。733条を削除すると，773条を直接適用する場面はなくなるが，重婚の禁止を定める732条に違反して婚姻をした女性が出産した場合は，なお嫡出推定の重複が生じ得る。たとえば，女性 A は，男性 B と婚姻をしていながら，別の男性 C との婚姻届を出したところ誤って受理され，双方の婚姻につき，婚姻の成立の日から200日を経過した後に A が子を出産した場合，改正後の772条2項後段・同条1項前段により A の子とする推定と B の子とする推定が同時に生じる（この例とは異なり，改正後772条2項前段・同条1項後段による嫡出推定との重複も生じうる）。改正前民法には，この場合にどちらを父と定めるかについての規律はなかった（改正前に773条の類推適用を認めた戸籍先例として昭和26・1・23民事甲51号回答。この戸籍先例を紹介する中川善之助＝米倉明編『新版注釈民法㉓親族⑶親子⑴』（有斐閣，2004年）184頁〔日野原昌〕も参照）。そこで，改正773条を削除せず，重婚が誤って受理された場合を念頭に置いて，父を定めることを目的とする訴えを732条の場合に用いることとしている（以上につき，中間試案の補足説明・32-33頁および部会資料25-2・8頁）。

〔幡野　弘樹〕

II 否認権者の拡大

改正のポイント

□嫡出否認の訴えを，父のみならず，子・母・前夫が提起することができるようになった。
□父子関係の当事者ではない母・前夫の否認権の行使は，子の利益を害するときは，認められないとされた。
□嫡出否認の訴えの出訴期間は，改正前は，父が子の出生を知ってから1年であったが，原則として，父・前夫が否認権を行使する場合には子の出生を知った時から3年，子・母が否認権を行使する場合には子の出生時から3年に延長された。
□出訴期間の伸長に伴い生じる問題に対応するために，嫡出否認がされた場合でも，子は，父であった者が支出した監護に要した費用の償還義務を負わない等，いくつかの規律が置かれることになった。

1 否認権者とは

(1) 改正前民法の否認権者・嫡出否認制度

　嫡出子の法律上の父子関係は，嫡出推定により定まる（772条。I参照）。嫡出推定により成立した法律上の父子関係が事実に反する場合，その父子関係を否定する方法として民法が規定しているのは嫡出否認の訴えである。嫡出否認の訴えを提起する権限を民法上与えられている者を「否認権者」という。また，このよう

第4章　実親子法の改正（2022年）

に嫡出推定により推定された父子関係を嫡出否認の訴えにより否定する制度を「嫡出否認制度」という。

以下のケースを参考にしながら，制度の概要を見ていこう。

事例1：A女は，夫Bと婚姻成立後280日目に子Cを出産した。

　改正前民法においては，婚姻の成立の日から200日を経過した後又は婚姻の解消・取消しの日から300日以内に生まれた子は，婚姻中に懐胎したものと推定される（改正前772条2項）。そして，妻が婚姻中に懐胎した子は，夫の子と推定される（改正前772条1項）。つまり，事例1では，Cは婚姻中に懐胎したものと推定され，その父はBと推定される。

　その推定が事実と異なる場合，つまり生物学上の父がBではない場合，法律上の父子関係は嫡出否認の訴えにより否定することになる。嫡出否認の訴えの認容により，子は出生時に遡って夫の嫡出子である地位を失う。改正前民法は，嫡出推定により成立した父子関係は，①嫡出否認の訴えにより（改正前775条），②夫のみが（改正前774条），③子の出生を知った時から1年以内に限って（改正前777条），否定できるとする。ただし，夫が子の出生後に，子が嫡出であることを承認した場合は，否認権を行使することができない（改正前776条）。

　つまり，嫡出否認制度では，①父子関係の否定の方法，②父子関係を否定できる否認権者，③否定できる出訴期間が限定されている。その理由は，a. 夫婦間のプライバシーや家庭の平和を第三者の干渉から保護すること（主に①②と関連），b. 父子関係を早期に確定させ，子に対する養育者を確保すること（主に③と関連）等と説明されている（二宮周平編『新注釈民法(17)』（有斐閣，2017

年）572 頁〔野沢紀雅〕）。

(2) 改正前民法の問題点

(i) **嫡出否認制度の問題点**　　否認権者が夫に限定され，嫡出否認の訴えの出訴期間も子の出生を知ってから1年に制限されていることから，大きく2つの問題が生じる。

第一に，子や母が，嫡出否認の訴えにより父子関係を否定することができない。夫に嫡出否認の訴えの提起を依頼しても夫が訴えを提起してくれない場合，子や母の側から，法律上の父子関係を否定することが難しい（一問一答・7-8頁）。

第二に，嫡出否認の訴えの出訴期間が制限されていることから，子の出生を知ってから1年が経過した後に，夫自身が子との間に生物学上の父子関係がないとわかったとしても，嫡出否認の訴えにより父子関係を否定することはできない。子の出生を知ってから1年というのは，多くの場合，子どもが生まれてから1年ということになるが，生物学上の父子関係の有無について知るには短いとも言われている（立法論の動向について，二宮編・前掲594頁〔野沢〕）。

これらの問題に対応するために，判例において，「推定の及ばない子」という概念が形成されたが，必ずしもすべての事案において，生物学上の父子関係と法律上の父子関係の不一致に対応できるものではない（(ii)）。また，2006年頃から，無戸籍者問題が明らかになり（桜井梓紗「『無戸籍問題』をめぐる現状と論点」立法と調査381号（2016年）98頁），その問題の生じる一因には嫡出否認制度もあると考えられた（(iii)）。

(ii) **「推定の及ばない子」**

(a) 「推定の及ばない子」とされた場合の効果　　(i)で確認し

たように、生物学上の父子関係がないにもかかわらず、法律上の父子関係を嫡出否認の訴えでは否定できない場面が生じることから、判例上「推定の及ばない子」という概念が作られた（最判昭和44年5月29日民集23巻6号1064頁。なお、「推定が及ばない」ということの意味については、木村敦子「『推定の及ばない子』に関する検討」道垣内弘人＝松原正明編『家事法の理論・実務・判例1』（勁草書房、2017年）50頁以下、石綿はる美「嫡出推定・否認制度の見直しをめぐって（その4）」法学セミナー819号（2023年）113頁以下）。

　ある子が、「推定の及ばない子」であると認められると、次の2つの効果が生じる。第一に、親子関係不存在確認の訴え（人事訴訟法2条2号）により、利害関係のある者であれば誰でも、いつでも、法律上の父子関係を否定することができる（もっとも、権利濫用の法理による制約の可能性はある。最判平成18年7月7日民集60巻6号2307頁）。これにより、母や子が、訴えを提起して、法律上の父子関係を否定することも可能となる。第二に、嫡出推定が及んでいる子を認知するためには、本来であれば、その前提として、嫡出否認の訴え等で父子関係を否定する必要があるが、「推定の及ばない子」であると認められると、子が生物学上の父に対して、強制認知の訴え（787条）を提起することもできる。この方法によると、（前）夫は当事者ではないことから、その関与は必須ではなくなり、裁判所の運用によるが、その関与がなく法律上の父子関係を否定することが可能な場合もある。もっとも、（前）夫の手続保障の問題もある（浦野由紀子「『推定の及ばない子』をめぐって（下）」法学教室309号（2006年）107頁）。

　(b)　どのような場合に「推定の及ばない子」と認定されるか
判例において、「推定の及ばない子」であると認められるのは、妻が「子を懐胎すべき時期に、既に夫婦が事実上の離婚をして夫

婦の実態が失われ、又は遠隔地に居住して、夫婦間に性的関係を持つ機会がなかったことが明らかであるなどの事情が存在する場合」である（最判平成12年3月14日家月52巻9号85頁等）。このような判例の立場を、「外観説」と呼ぶこともある。なお、学説においては、夫の性的不能や血液型の不一致等父子関係の不存在が確認できる場合にも、嫡出推定が及ばないとすべきという血縁説等、複数の見解が示されている（二宮編・前掲551-555頁〔野沢〕）。

　判例の考え方に従うと、事例1において、Cが「推定の及ばない子」と認められるためには、AがCを懐胎した時期に、Bと別居していたなどの事情が必要となる。Cを懐胎した時期に、AがBと同居していたような場合は、判例の考え方に従うと、Cは推定の及ばない子とは認められず、法律上の父子関係を親子関係不存在確認の訴えにより否定することはできない。「推定の及ばない子」であれば、上述のように、父子関係を、利害関係があれば誰でも、いつでも否定でき、子の身分関係の法的安定性が不安定になることから、判例は、外観説を維持し、その範囲を限定的に解してきたともいえよう（窪田充見「法における親子の意味」ジュリスト1471号（2014年）70頁）。

　「推定の及ばない子」について、厳格に考える判例の立場は、科学技術が発達し、DNA鑑定等で、生物学上の父子関係の存否が明確にわかるようになっても維持されている。最判平成26年7月17日民集68巻6号547号は、夫と子との間に生物学上の父子関係がないことが科学的証拠により明らかであり、かつ、夫と子の母が既に離婚して別居し、子が親権者である母の下で監護されているという事情の下であっても、子から父に対する親子関係不存在確認の訴えについて、外観説を維持し、父子関係の存否を争うことを認めなかった。この判決の事案の解決には批判もあり、

否認権者の拡大という立法的対応の必要性も指摘されていた（窪田充見「家族法をめぐる問題」法律時報92巻8号（2020年）30頁）。

なお，今回の改正で，「推定の及ばない子」の判例法理の明文化も検討されていたが（部会資料17・12-13頁），要件の明確化の困難等から最終的に見送られた（部会資料22-3・1-3頁。その理由については，一問一答・37頁）。改正法のもとでの「推定の及ばない子」概念のあり方については，今後の解釈に委ねられている（一問一答・35-36頁，本章Ⅰ，大森啓子「要綱に盛り込まれなかった論点について」自由と正義73巻11号（2022年）31頁，木村敦子「嫡出推定・再婚禁止期間・否認権者の拡大」法の支配210号（2023年）52頁以下，羽生香織「令和4年民法改正と『推定の及ばない子』」水野紀子＝窪田充見編代『家族と子どもをめぐる法の未来』（加除出版，2024年）131頁以下，石綿・前掲115頁以下参照）。

(iii) 無戸籍者問題

> 事例2：A女は，夫Bとの離婚後200日目に，子Cを出産した。CはAがBとの離婚前から交際していたDの子であり，AはCがBの子とされることを避けるために，Cの出生の届出をしていない。

事例2において，CはABの離婚から300日以内に生まれているため，婚姻中に懐胎したものと推定され（改正前民法772条2項），CはBの子と推定される（同条1項）。このように，事実に反し，前夫が法律上の父とされることを避けるため等の理由により，母が子の出生の届出をしないことで，子に戸籍がないという「無戸籍者問題」が生じる（実態や，従前の政府の対応について，一問一答・9-11頁）。

無戸籍者問題の背景には，婚姻の解消（離婚・死別）及び取消

しの日から 300 日以内に生まれた子にも嫡出推定が及び，前夫の子と推定されてしまうという嫡出推定制度の問題もある。それとともに，上記 1 (2)(i)(ii)で確認したように，嫡出子について，「推定の及ばない子」と認められない限り，法律上の父子関係を否定することができるのは夫のみであり，子や母がイニシアチブをもって法律上の父子関係を否定することができないという嫡出否認制度の問題もある。

 改正の議論と立法の内容

(1) 改正の概要

（i） **改正の内容の概要**　1 (2)で扱った問題に対応するためには，否認権者の拡大，出訴期間の伸長が考えられる。また，無戸籍者問題への対応としては，それらに加えて，嫡出推定が及ぶ期間の見直しを行うことも考えられる。

嫡出推定の改正においては，離婚・死別という婚姻の解消・取消しの日から 300 日以内に生まれた子について，母が再婚し，再婚後に生まれた場合には，再婚の夫の子と推定されるが（改正 772 条 3 項），それ以外の場合は，現行法と同様，前夫の子と推定されることとなった（改正 772 条 1 項）（詳細は，本章 I 参照）。そのため，無戸籍者の問題への対応には，嫡出否認制度の見直しが大きな意味をもつこととなった（磯谷文明「嫡出否認制度の見直し（否認権の拡大，子の否認権）」自由と正義 73 巻 11 号（2022 年）18 頁）。

改正のポイントでも示したように，改正法は，父のみならず，子，子の母，母の前夫に否認権を拡大するとともに（改正 774 条），嫡出否認の訴えの出訴期間を 1 年から 3 年に伸長した（改正 777

第4章　実親子法の改正（2022年）

条）。その概要は，図示すると以下のようなものになる。

否認権者	相手方	出訴期間 α原則	出訴期間 β複数回の婚姻があり，直近の婚姻の夫の嫡出推定が否認された後の出訴期間	出訴期間以外の権利行使の制約
父（774条1項）	子又は親権を行う母（775条1項1号）	子の出生を知った時から3年以内（777条1号）	嫡出否認の裁判の確定を知った時から1年以内（778条1号）	
子（774条1項）	父（775条1項2号）	その出生の時から3年以内（777条2号）	同上（778条2号）	・親権を行う母等による行使（774条2項）。 ・子は，父との継続する同居期間が3年を下回る等の場合のみ，21歳に達するまで権利行使が可（778条の2第2項）。
母（固有の否認権：774条3項）	父（775条1項3号）	子の出生の時から3年以内（777条3号）	同上（778条3号）	・否認権の行使が子の利益を害することが明らかでないこと（774条3項ただし書）。
前夫（774条4項）	父及び子又は親権を行う母（775条1項4号）	子の出生を知った時から3年以内（777条4号）	同上（778条4号）	・否認権の行使が子の利益を害することが明らかでないこと（774条4項ただし書）。 ・子が未成年者であること（778条の2第4項）。

(ii) **否認権の行使が問題になる2つの場面**　否認権の行使期間については，原則（α）と，複数回の婚姻があり，直近の婚姻の夫の嫡出推定が否認された後に嫡出否認の訴えが問題になる場合の例外（β）の2つが定められている。それぞれ，具体的に，どのような場面かを，事例3を参考にしながら確認する。

> 事例3：A女は，子Bを子Cとの婚姻中に懐胎したが，Cと離婚し，Dと再婚した。Dともすぐに離婚し，Eと再婚した。その後，AはBを出産した。

事例3において，AはEとの婚姻後にBを出産していることから，Bの法律上の父はEとなる（改正772条3項）。BE間の法律上の父子関係を否定できるのは，父E（改正774条1項），子B（同条1項），母A（同条3項）及びAの前夫であるC，D（同条4項）となる。この場合の出訴期間は，父E及び前夫C・Dは，子の出生を知った時から3年以内（改正777条1号・4号），子B及び母Aは子の出生から3年以内（同条2号・3号）になる（表α欄）。

BE間の法律上の父子関係が否定されると，Bの法律上の父はDと推定される（改正772条4項）。BD間の法律上の父子関係を否定できるのは，父D，子B，母A及びAの前夫のCである。この場合の出訴期間は，嫡出否認の訴えの裁判の確定を知った時から1年以内に限定されている（改正778条各号。表β欄）。

なお，Eの嫡出推定が否認されたことにより，新たに父と推定されることになるDは，自らが嫡出否認の訴えを提起している場合を除き，BE間の父子関係が否定されたことを必ずしも知らないと考えられることから，嫡出否認の訴えが確定したときは，裁判所はDの住所等が判明している場合には，Dに対して判決の内容を通知する必要がある（一問一答・83-85頁。改正人事訴訟法

第 4 章　実親子法の改正（2022 年）

42 条。改正家事事件手続法 283 条の 2 も参照）。

　事例 3 のように，子の懐胎から出生までの間に，母が 3 回以上の婚姻をしている場合，C が否認権を行使する場合には，父（E）と子（B）を被告とする嫡出否認の訴えに加え，自らとの婚姻解消後に母と婚姻していた者（D）を被告とする嫡出否認の訴えを併合して提起しなければならず（改正人事訴訟法 41 条 3 項），また，訴えの弁論及び裁判は分離しないでしなければならない（同条 4 項）。これは，C が EB のみを被告として否認権を行使し，EB 間の父子関係が否定されても，子の父となる意思を有していないことが多いと考えられる D が新たに法律上の父と推定されるにとどまり，子の利益に反するとも考えられることから，訴えの併合提起を義務付け，紛争の一回的解決を図ることで子の利益を保護する趣旨の規定である（一問一答・77 頁。その他，3 回以上の婚姻がある場合の訴訟手続等について，一問一答・77-82 頁，部会資料 25-2・17-19 頁参照）。

　(iii)　**改正法の特徴**　　法律上の実親子関係というのは，真実性と安定性のバランスをとるものであると言われるが（小池泰「実親子関係成立の在り方に関する問題点」大村敦志ほか編著『比較家族法研究』（商事法務，2012 年）152 頁），今回の改正は，否認権者を拡大し，出訴期間を延長することで，改正前民法に比べて，生物学上の父子関係と一致しない場合に，法律上の父子関係を否定することが容易になるという意味では，真実性を重視する側面がある。

　しかし，今回の改正のもう一つの特徴は，安定性等も考慮し，出訴期間内に嫡出否認の訴えが提起されても，生物学上の父子関係と法律上の父子関係が一致しない場合に，法律上の父子関係が否定されない可能性があること，つまり生物学上の父子関係と一致しない法律上の父子関係が維持される可能性があることが，条

文上，明確にされたことにある（もっとも，改正前も，出訴期間の経過後や，父が否認権を行使しない場合には，法律上の父子関係と生物学上の父子関係が一致しないことは，民法上，当然の前提とされていた）。具体的には，一定の年齢に達した子が否認権を行使できる要件が限定されており，さらに「父の利益」を害する場合には認められないこと（改正778条の2第2項），母固有の否認権の行使や，前夫の否認権の行使においては，「子の利益」を害さないことがその要件となっていること（同774条3項ただし書・4項ただし書）が挙げられる。

母や前夫が否認権を行使する場合に考慮される「子の利益」について，父の具体的な事情をもとに子の利益に反するかを判断することは，実親子関係の存否の議論にはなじまないとも指摘されており（部会資料18-1・31頁），あくまで個別具体的な事案に応じて判断されるものの（一問一答・41頁・50頁，部会資料25-2・12頁），母や前夫と，推定される父（夫）のいずれと過ごすことが，子の利益になるかどうかと比較する形では判断しないという前提に立っているものと考えられる（部会資料18-1・32-33頁）。

なお，嫡出否認の訴えにより，推定される父子関係が否認されると，子から法律上の父が失われることになるが，生物学上の父子関係のある男性の認知が期待できるようになることや，（夫の母に対する家庭内暴力があった場合など）法律上の父が母による子の養育にとって支障となる場合があることを踏まえると，子から法律上の父が失われることのみをもって推定される父子関係の否認が直ちに子の利益に反するということはできないと考えられると指摘されている（部会資料9・3頁）。

以下では，否認権者の拡大（(2)），出訴期間の伸長（(3)）について確認した上で，これらの見直しの結果，新たに生じ得る問題に

第4章　実親子法の改正（2022年）

対応するために新設された規定（⑷）を紹介する。なお，成年に達した子の否認権の行使に関する特則（Ⅳ），生殖補助医療における嫡出否認の特則（Ⅴ）は，本章の別項目において扱う。

⑵　**否認権者の拡大**

　改正法は，否認権を父（夫）のみならず，子，母，前夫にも認める。それぞれについて，否認権の行使が認められる理由，否認権の行使の要件について確認していくことにする（(i)～(iv)）。最後に，否認権者が死亡した場合の規律について確認する（(v)）。なお，改正の議論において，子の生物学上の父に否認権を認めるか否かについても議論がされた。この点については，前夫の否認権行使についての部分で触れることにする（(iv)）。

　(i)　**父**　　父（夫）は，従前から否認権者として認められており，改正によって，嫡出否認の訴えの出訴期間が，子の出生を知ってから1年から3年に伸長された以外には，改正点はない。2⑴(i)で確認したように，他の否認権者が否認権を行使する際には，父の利益や子の利益を害しないことが求められるが，父については，否認権を行使することが，子の利益を害するかを考慮する規定は置かれていない。

　改正前は，嫡出否認の訴えの審理においては，父が子の懐胎可能な時期に母と性関係をもたなかった事実の証明，子が父の子でないことについて科学的な証拠による証明がなされ，父が子の生物学上の父でないことが証明できれば，嫡出否認の訴えの請求は認容されると説明されている（二宮編・前掲578頁〔野沢〕）。このように，改正前は，父と子の間に，生物学上の父子関係がなければ，法律上の父子関係を否定できた（部会資料9・9頁）。つまり，法律上の父子関係と生物学上の父子関係が一致しない場合に，子

の利益を考慮することなく，法律上の父子関係を否定することが，嫡出否認制度であると解されており，その考え方は，父が否認権者である場合は，改正法においても維持されているといえよう。

(ii) **子**

(a) 否認権が認められる理由　　子は父子関係の一方当事者であることから，否認権が認められる（改正774条1項，一問一答・38頁，部会資料25-2・12頁）。子に否認権を認めることについては，嫡出否認の訴えを提起し，法律上の父子関係を否定し，家庭を破壊することが子の利益であるか疑問であるという理由で消極的な見解もあるが（我妻栄『親族法』（有斐閣，1961年）222頁），部会での審議も含め，多くは，否認権を認めることに肯定的であった（従前の学説の提案について，二宮編・前掲575頁〔野沢〕）。

もっとも，子が幼少である場合に，否認権の行使の方法が問題になる。子に代わって否認権を行使する者をどの範囲とするかは，母に固有の否認権を認めるかという点と連動して，議論がされた。子に代わって否認権を行使する者を広く「母」と認めるのであれば，母固有の否認権を認める必要は必ずしもないと考えられる。中間試案においては，広く「母」に子に代わって否認権を行使することを認め，母固有の否認権を認めないという案（中間試案・第4.2【甲案】）と，親権者である母に子の否認権を代わって行使することを認めるとともに母固有の否認権を認める案（中間試案・第4.2【乙案】）が示されていた。両者の違いは，母に固有の否認権を認めるだけの固有の地位・利益があると解するかによる（中間試案の補足説明・43頁）。最終的には，【乙案】の方向性が採用されることになった。

親権者である母による子の否認権の行使が認められるのは，次の理由による。母は，子と父の間に生物学上の父子関係の存否に

ついて父よりも正確に判断することができる。また，父と子との間に生物学上の父子関係がない場合に，推定される父子関係を維持して当該父と共に子を養育するのか，認知によって法律上の親子関係を形成するなどして，生物学上の父と共に子を養育するのか等について，母に選択の機会を与えることが，子に適切な養育環境を与えるという観点から，子の利益にとって望ましい。そして，親権を行う母に限定することでその権利行使が子の利益に適ったものとなることが担保されると考えられる（以上，中間試案の補足説明・45-46 頁）。未成年後見人についても，親権者と同様の権利義務を有しており（民法 857・820 条），子の利益を図る観点から適切に否認権の行使を期待できることから，認められている（中間試案の補足説明・46 頁）。

　(b) 子の否認権を行使する者　①概要　子の否認権は，㋐子自身によって，あるいは㋑親権を行う母，親権を行う養親又は未成年後見人によって，行使される（改正 774 条 2 項，養親については，改正法案の立案段階で追加された。詳細は，一問一答 39 頁（注 1））。㋑の者がいない場合には，母等の親権の回復・未成年後見人の選任を待つ必要がある（改正 778 条の 2 第 1 項参照）。そのような場合に，子の親族等による家庭裁判所に対する特別代理人の選任の請求を認めるかも議論された（部会資料 20・17 頁，部会資料 21-2・10 頁以下参照）。しかし，母固有の否認権が認められるため（改正 774 条 3 項，2(2)(iii)参照），母が親権を行使しない場合であっても母による否認権行使が期待できること，母以外の子の親族には，子の利益の観点から子の否認権の行使の要否を的確に判断することが難しいこと（部会資料 20・17 頁），家庭裁判所が特別代理人の選任に際し，法律上定められた要件を判断することも難しいこと等（部会資料 21-2・10 頁以下）から，導入は見送られた。

②親権者である母等による代理行使　子自身により否認権が行使できるのは、子が自らの判断で否認権が行使できる場合と考えられ、子が意思能力を有するようになった後ということになろう（この点については、一問一答・67頁、本章Ⅳ参照）。当事者のニーズは、子が出生して間もない時期に否認権を行使することにあると考えられることから、①の④の方法による行使が重要となろう（なお、子に代わって否認権を行使する者の訴訟上の地位に関しては、法定代理説と訴訟担当説がある（中間試案の補足説明・46-47頁））。

子に代わって否認権を行使できるのは、親権を行う母、親権を行う養親、未成年後見人である。この点に関連して、3点指摘をしておく。

第一に、離婚後に親権を有していない母や、親権を喪失した、あるいは停止された母は、子に代わって否認権を行使することができず、母固有の否認権（改正774条3項）を行使できるのみである。逆に言えば、親権を有する母は、子の否認権を子に代わって行使することと、母固有の否認権を行使することができる（なお、両者は訴訟物が異なると解されている。両者の関係については、一問一答・43頁）。

第二に、親権を行使する父が、子の否認権を行使することは想定されていない（部会資料3・14頁）。父は法律上の父子関係の一方当事者であることから、子に代わって否認権を行使するかについて、自らの地位を離れて適切に判断することは困難であると考えられる（部会資料9・7頁）。そのため、親権を有する母は、単独で、子の否認権を子に代わって行使することができる（部会資料16-3・1、4頁）。これは、（婚姻中の）親権行使の共同の原則（818条3項。令和6年改正民法824条の2第1項）の例外と整理することもできるように思われる。他方で立案担当者は、改正民法774条

125

2項による否認権の行使は，親権の行使をする場面ではないことから，単独での行使が可能であると説明する（一問一答・39頁（注2））。なお，母による否認権の行使が，子の利益に反すると考える場合には，夫は，嫡出否認の訴えの中で子の利益に反する事情を主張することができる（部会資料9・7頁）。

第三に，子の親権を行使する者として，児童相談所長等がいる（児童福祉法33条の2）が，家庭の平穏を害する，法律上の父子関係の存否は容易に知り得るものではない等の理由から，否認権の行使は認められていない。また，検察官についても同様の理由から，否認権の行使が認められていない（以上，中間試案の補足説明・54頁）。

(c) 親権者である母等による子の否認権の行使の要件——子の利益による制約　親権者である母等の否認権の行使を直接規律する条文はないが，嫡出否認をすることが，子の利益を害するときは，親権の濫用に当たり，否認権の行使が制限される余地があると解される（部会資料20・18頁）。その理由は，次の2つにある。

第一に，親権者は，子の利益のために子を監護教育する義務を負い（820条），子の利益を図るために子の否認権を子に代わって行使するべきであると解されている（一問一答・42頁，中間試案の補足説明・45-46頁，部会資料20・19頁）。

第二に，既に確認したように，親権を有する母は，類型的に，嫡出推定により推定される法律上の父子関係が生物学上の父子関係と一致しない場合に，子の利益を図る観点から適切な判断を期待できる者であると考えられることから，子の否認権を子に代わって行使することが制度上認められているため（中間試案の補足説明・45頁），権利行使が認められている趣旨に添い，権利行使をする必要がある。

「子の利益」を害する例としては，㋐児童虐待を行っている母が，父による親権喪失の審判（834条）の申立て等の関与を排除する目的で否認権を行使する場合（部会資料25-2・12頁以下），㋑母が，子が夫の子であることについて承認した後に（改正778条），子の否認権を代わって行使しようとする場合（部会資料21-2・15頁。なお，一問一答・87頁も参照）が挙げられている（判断枠組について，木村・前掲47頁以下）。

なお，未成年後見人も，親権を行う者と同様に子の利益のために子の監護・教育をする権利義務を有することから（857条・820条），親権を行う母と同様に，子に代わって否認権を行使する際には，子の利益による制約を受ける。

(ⅲ) **母**

(a) 否認権が認められる理由　母が常に親権を有しているとは限らず，母に固有の否認権を認めることが必要な場面もある。母は親権者でない場合でも，子の出生直後に，父子関係を否定し得る者である。また，子が幼少の間は，誰と子を養育するかは，母にとって重要な問題であると考えられる。他方で，母は父子関係の当事者ではないことから，固有の否認権は認めないという方向性もあり得る。部会では，改正前は，認知の訴えでは，親権を有しない母には，子を代理しての訴えの提起は認められておらず（改正前民法787条），これは，親権を有しない母に父子関係の形成に関する判断を委ねることは相当ではないという考えに基づくものとも考えられ，嫡出否認の訴えでも，同様に慎重に検討すべきという見解も示されていた（部会資料9・5頁。2(2)(ⅱ)(a)も参照）。

最終的に，母に固有の否認権が認められた理由は，次のように説明される。まず，母は子の生物学上の父が誰かを最もよく知り，法律上の父が子を養育する父として望ましい者であるかを子の利

益の観点から適切に判断することが期待されるという意味において，子の利益を代弁する地位にある。また，法律上の父子関係の当事者ではないが，親として子を養育する立場にあり，共に子を養育する父が誰であるかについては固有の利益を有する（以上，一問一答・40頁，部会資料25-2・12頁）。このような立場にある母に，子を共に養育する主体として望ましい者を選択する機会を与えることが，子の利益につながるとも考えられる（部会資料3・15頁）。

　(b)　否認権行使の要件──子の利益による制約　　母固有の否認権の行使は，子の利益を害しない場合にのみ認められる（改正774条3項ただし書）。この点については，子の利益を害する意図で行われる等権利濫用に該当するような不適切な場合には，母による否認権の行使は制限されると説明される（一問一答・41頁，部会資料25-2・12頁）。これは，法律上の父子関係の当事者ではない母の権利行使を民法上コントロールする根拠がないことへの対応（部会資料9・4頁），親権者である母が子の否認権を行使する場合との均衡のため（磯谷・前掲19頁）の規定といえよう。

　「子の利益」を害する具体的な例としては，次のような場合が例示されている。㋐父母の離婚時に子の親権争いが生じ，親権者とならなかった母が，特段の事情の変更がないにもかかわらず，否認権を行使した事案等において，離婚時の親権者指定の審判等における争点・母の主張立証の状況，その後の事情変更の有無等から，母の権利行使が子の利益を害することが明らかであるとき。㋑母が児童虐待を行っており，父による親権喪失の審判の申立て等を排除する目的で否認権の行使をする等，仮に，母が親権者として子の否認権を代わって行使した場合，親権の濫用として制限されるような事情があるとき。㋒母が親権を喪失し又は停止されている場合に，自らによる養育の見込みや新たな父となる者がな

く，否認権の行使後に，子が適切に養育されないことが予想されるにもかかわらず，否認権を行使するとき（以上，部会資料25-2・12頁以下。㋑㋒につき，一問一答・41頁）。㋣母が親権者として子の否認権を子に代わって行使し，当該訴えが棄却された後に，改めて固有の否認権を行使するとき（部会資料20・20頁。一問一答・43頁も参照）。

　これらの具体例からは，母による子の養育が期待できない場合や，母固有の否認権の行使が紛争の蒸し返しである場合等，限定的な場合に「子の利益」を害すると解されるようにも思われる（子の利益の判断枠組については，木村・前掲45頁以下）。

　なお，部会での審議においては，「母の目的のみならず，子に新たな父が推定され又は生物学上の父から認知される見込みの有無，母自身による監護の可能性，嫡出否認によって生じることが予想される子の養育環境に対する影響の程度，これらに対する母の認識等の事情」や（部会資料21-2・11頁，部会資料23・4頁），父子の間に社会的な父子関係が形成されていること（父が継続的にわが子として子を養育し，社会的にも親子と認められているという事情）（部会資料21-2・12頁）が具体的な考慮要素として挙げられている。これらの考慮要素を参考にすると，今後の運用を待つ必要があるが，上記で示された具体例よりも広く，子に法律上の父がいなくなる場合や子の養育環境に大きな影響を与える場合にも，子の利益を害するとして，否認権の行使が認められない可能性があり得るようにも思われる。

(ⅳ) 前　夫

(a) 否認権が認められる理由　　①前夫の否認権の容認　　子の母の前夫であればすべて否認権の行使が認められるわけではなく，「子の懐胎の時から出生の時までの間に母と婚姻していた者

であって，子の父以外のもの」が，改正774条4項において「前夫」と定義され，これらの者には，否認権の行使が認められる。つまり，母が再婚していなければ，嫡出推定により子の法律上の父と推定された者は，否認権の行使が認められるのである。

　もっとも，前夫が否認権を行使する必要がある場面というのは，父・子・母が否認権を行使していない場合である可能性が高く，前夫が再婚後の家庭に介入することになるとも考えられ（一問一答・50頁），否認権の行使の容認に慎重な見解もあり得る。

　しかし，前夫は，母が再婚しなければ子の父と推定されるべき地位にあること等を踏まえると，前夫が子の生物学上の父であるとき等には，子の法律上の父となる機会を確保することが相当であると考えられることから，否認権の行使方法に制約を付した上で，否認権が認められることとなった（一問一答・49頁，部会資料25-2・13頁）。その背景には，再婚後の夫との父子関係が否定された場合，一般に，前夫が生物学上の父である蓋然性は相当程度高いと考えられること（部会資料9・12頁）等の理由もあろう。もっとも，生物学上の父には否認権の行使が認められていないことをあわせて考えると（2(2)(iv)(a)②），子の母と婚姻していたこと，母が再婚しなければ嫡出推定により法律上の父となり得る地位を有していたことが重視されているとも整理できよう。

　　②生物学上の父の否認権の否定　　前夫に否認権が認められる理由の一つには，上述のように，前夫が子の生物学上の父である蓋然性があることがある。そのため，より広く，子の生物学上の父に否認権を認めることができないかも検討された（部会資料3・16頁，部会資料9・17頁，中間試案の補足説明・56頁）。①嫡出推定の及んでいる子は認知できないこと（部会資料3・16頁），②母が精神的に不安定である，行方不明である等の事情により，母に

よる否認権の行使が期待できない場合があることから，生物学上の父に否認権の行使を認めるべきであるという見解も提示された（部会資料9・17頁，中間試案の補足説明・56頁）。実際に，フランスやドイツ等，一定の制約の下で，生物学上の父に否認権の行使を認める国もある（二宮編・前掲574頁以下〔野沢〕）。

しかし，この点については，当初から慎重な見解が示されており，㋐家庭の平和の維持，㋑生物学上の父であることは，否認の訴えの本案において判断されるべき事項であり，否認権者を限定することはできず，濫用的に訴えが提起されるおそれがあること，㋒子に応訴等の負担が生ずること，㋓生物学上の父が子の法律上の父になる利益は，夫婦で養育されることについての子の利益に優越するものではないこと等から（部会資料9・18頁，中間試案の補足説明・56頁，一問一答・54頁），生物学上の父には否認権は認められなかった。

(b) 否認権行使の要件——子の利益による制約　　上述したように，家庭の平和の維持を考えると，前夫に否認権を認めることは必ずしも適切ではなく，また，父子関係の当事者ではない前夫が嫡出推定による親子関係を保持する利益は，再婚の夫の子であるとの嫡出推定により保護されている子の利益との関係で無制限に保護される利益ではないとも考えられる（部会資料9・17頁）。そのため，前夫の否認権の行使を制約する方法が検討された。

部会では，否認権を行使する正当な利益があるとは言い難い者の原告適格を否定するという観点から，訴訟要件等として，前夫と子の間の「生物学上の父子関係」を要求するという見解もあった（部会資料9・17頁，部会資料10-1・8頁（甲案），中間試案・第4.3(1)④【甲案】，部会資料21-2・12-13頁等）。しかし，一般的に生物学上の父に否認権を認めないものとしていることとの整合性，前夫

第4章　実親子法の改正（2022年）

と子との間に生物学上の父子関係がある場合でも，再婚後の夫の子であるという推定を否認することが相当でない場合もあること，生物学上の父子関係の存在を要件として民法上明記することは嫡出推定制度の本質に変更を生じる可能性があるとの懸念もあること等から採用されなかった（部会資料22-2・6-8頁）。

その結果，前夫の否認権の行使は，①子の利益を害しないこと（改正774条4項ただし書），②子が未成年であること（778条の2第4項）の2つの制約を受ける。以下，それぞれについて，確認する。

　①子の利益とは
　（ア）子の利益による制約の趣旨

前夫の否認権の行使は，子の利益を害することが明らかではないときに認められる（改正774条4項ただし書）。父子関係の当事者である子と再婚後の夫，そして子の母が否認権を行使する意図がないような場合に，前夫が再婚後の家庭に介入することを正当化するだけの事情があることが求められること，また，具体的な弊害として，前夫による否認権の行使後，子や母が否認権を行使し，前夫の子であるとの推定をも否認することによって，子から推定される父が失われる事態を避ける必要があることから，このような要件が設けられている（部会資料25-2・13頁）。

前夫の否認権行使が子の利益を害する場合とは，権利濫用に該当するとは直ちにはいえない場合であっても，一般的に子の利益を代弁する立場にはない前夫が否認権を行使することにより，子の利益が害されるときが該当し，親権者である母等による子の否認権の行使や母固有の否認権の行使の場合とは，趣旨も範囲も異なると説明されており（部会資料22-2・13頁），子の利益を害する場合は広く解されるように思われる。

(イ) 子の利益を害するか否かの判断枠組み　「子の利益」を害するか否かは、要件を設けた上記の趣旨に照らして判断されるというが、次のような枠組みが示されている（以下、一問一答・50頁、部会資料 25-2・13頁以下。詳細に検討するものとして、木村・前掲 50 頁以下）。

　具体的には、前夫が子の父として自ら子を養育する意思がない場合は、子の利益を害することが明らかであるという。子の利益の判断において、前夫と、推定される父を比較することはしないと考えられるため（2(1)(ⅲ)参照）、前夫に養育の能力・意思はあるが、再婚後の夫の方が経済力はあるというような場合でも、その事実だけでは前夫による否認権の行使が子の利益に反するとは評価されない（部会資料 19・13 頁）。

　この基準に基づくと、子の養育意思をどのように判断するかが、次の問題になる。この点について、立案担当者は、前夫が子の生物学上の父であるという事実は、養育の意思の徴表として重要であるとする。その上で、㋐前夫が子の生物学上の父である場合は、基本的には子の利益を害することが明らかではない。また、㋑子が前夫によって懐胎されたと認めるに足りないときであっても、子や母が前夫を父とすることに異議を述べていなければ、否認権の行使が子の利益を害するとはいえない、という。それに対して、㋒㋑において、前夫の否認権行使が、母や再婚後の夫に対するいやがらせ目的の場合は、子の利益を害することが明らかである。㋓子が前夫によって懐胎されたと認めるに足りず、子や母が前夫を父とすることに異議を述べている場合には、将来、子や母により、前夫の子であるとの推定を否認する事態が生じ得ることから、子の利益を害することが明らかではないとはいえない、とされる。子と前夫との間の生物学上の父子関係の存否、前夫を父とするこ

133

とへの子や母の異議の有無，前夫の否認権行使の目的といった事情が考慮されることになろう。

　なお，子と再婚後の夫の間に，一定の社会的な親子関係が形成されている場合に，前夫の否認権行使が子の利益に反すると解される場合があるだろうか。前夫の否認権行使が認められるのは，「子の出生を知った時から3年以内」（改正777条4号。前記 2 (1)(ii) β の場合は嫡出否認の裁判が確定したことを知った時から1年（改正778条4号））であることから，子の出生から長期間経過後に否認権が行使される場合，既に子と再婚後の夫の間に，一定の社会的な親子関係が形成されている可能性は十分にある。この点については必ずしも明らかではないが，子の出生から3年以内に否認権の行使が制限される母の否認権の行使において，一定の社会的な親子関係の形成が子の利益の考慮要素となり得るとされていたことを考えると（2 (2)(iii)(b)），子と再婚後の夫の間に，一定の社会的な親子関係が形成されている期間がより長いと考えられる，前夫の否認権の行使の場合において，社会的な親子関係の形成の有無を考慮することが否定されるものではないだろう。

　　（ウ）　生物学上の父子関係の重視？　　上記の判断枠組みは，前夫の否認権の行使の要件として生物学上の父子関係を直接的に要求するものではないが（この見解が採用されなかった理由については，2 (2)(iv)(b)参照），実質的に，子と前夫の間に，生物学上の父子関係があるか否かを考慮しているものともいえよう。実際，子の利益の判断として，重要な要素は，生物学上の父子関係であると指摘するものもある（磯谷・前掲20頁）。

　実質的に，子と前夫の間の生物学上の父子関係を考慮する趣旨としては，生物学上の父子関係がある父による養育が子の利益にかなうと考えらえること，前夫による否認権の行使の結果，さら

にその父子関係が子や母により否認されることが子の利益に反することにあるとされている（法制審議会民法（親子法制）部会第22回議事録12-13頁〔木村（匡）幹事，小川関係官発言〕）。

　②子が未成年であること　　前夫に対しては，子の出生を通知する手段が法律上準備されていないことから（中間試案の補足説明・57頁以下参照），前夫が子が出生したことを知らないまま一定の期間が経過することも考えられる。しかし，子が成年に達するほどの長期間が経過している場合に，前夫に否認権の行使を認めることは，家庭の平和の維持に反し，また，既に子に養育者が必要でないにもかかわらず，新たな法律上の父子関係が父の一方的な意思表示により成立することになり妥当ではない（一問一答・52頁，部会資料25-2・14-15頁）。そのため，子が成年に達した後は，前夫は，子の出生を知ってから3年以内であっても，否認権を行使できない（改正778条の2第4項）。成年に達した子の身分関係の成立についての子の意思を尊重するという点で，成年に達した子の認知についてその承諾が必要である（782条）こととと共通する考えに基づくものともいえよう。

　③再度の嫡出否認の訴えの提起の禁止　　前夫は，否認権を行使し，直近の婚姻の夫と子の間の父子関係の推定を否認し，自らが法律上の父となった後に，子が自らの嫡出であることを否認できない（改正774条5項）。つまり，事例3において，Dが，嫡出否認の訴えを提起し，BE間の法律上の父子関係を否定し，D自らがBの法律上の父となった後に，自らがBの父であることを嫡出否認の訴えを提起して否定することはできない（それに対して，母や子からの嫡出否認の訴えは認められる）。

　これは，前夫が自ら子を養育する意思がないにもかかわらず，直近の婚姻の夫と子の間の父子関係を否定する目的のみで，否認

権を行使することを防止するための規定である（中間試案の補足説明・60頁）。また，前夫に，自らの子との推定の否認を認めることは，前夫に法律上の父となる機会を確保するために否認権の行使を認めた趣旨にも反する（一問一答・51頁）。理論的には，直近の婚姻の夫と子の間の父子関係について嫡出否認の訴えを提起したことが，嫡出の承認（776条。2(4)(i)参照）と類するものと扱われ，自らの嫡出子であることを否定できないとも整理できよう。

　(v) **当事者の死亡による否認権の承継**　父が死亡した場合の規律は次のようなものである。①父が子の出生前に死亡したとき又は出訴期間内に嫡出否認の訴えを提起しないで死亡したときは，その子のために相続権を害される者その他父の三親等内の血族は，父の死亡の日から1年以内に限り，嫡出否認の訴えを提起することができる（改正人事訴訟法41条1項。なお，父が調停の申立後に死亡した場合について，家事事件手続法283条参照）。②父が嫡出否認の訴えを提起した後に死亡した場合には，子のために相続権を害される者その他父の三親等内の血族は，父の死亡の日から6か月以内に訴訟手続を受け継ぐことができる（改正人事訴訟法41条2項）。③父が嫡出否認の訴えの被告になっていた場合，嫡出否認の訴えは当然には終了しない（改正人事訴訟法27条2項）。子の法律上の父が誰であるかは，父の死亡後も，相続等に関わることがその理由である（一問一答・75頁以下）。否認権者が拡大したために新たに設けられた③以外は，従前の規定を継承するものである。

　それに対して，子が死亡した場合の承継についても議論がされた。一定の年齢に達した子に否認権行使を認める結果，子が死亡したときにその子に直系卑属がいることも十分想定されることから，子についても同様に，否認権の承継を認める提案もされていた（部会資料22-3・3-4, 6頁）。しかし，一定の年齢に達した子の

否認権の行使は，子が自らの判断でその法律上の父子関係を否定することを認めるものであり，それが父の利益を一定程度害するものであることを踏まえれば，その判断は子自身によって行われるべきものであって，一身専属的なものとして，その直系卑属に承継されないものとすることが相当であるとも考えらえるとして，改正は見送られた（一問一答・73-75頁，部会資料23・16頁，部会資料24-2・12頁。それに対して，認知無効の訴えについては，子が死亡した場合の承継の規定が新設された（改正人事訴訟法43条2項・3項）。その理由については，一問一答・112頁）。したがって，子が死亡すると，子が被告である場合には訴訟は終了し（改正人事訴訟法27条2項），子が原告である場合は訴訟は承継されず，また訴えを提起していない場合，相続人等が嫡出否認の訴えを提起できるという規律もおかれていない。

なお，母や前夫についても，否認権が認められた趣旨から嫡出否認の訴えの提起は，一身専属的なものと解されることから，訴えを提起した後に死亡した場合は，訴訟は承継されない。また，同様の理由から，訴えの提起前に死亡した場合に相続人等が嫡出否認の訴えを提起ができるという規律はおかれていない（一問一答・73-74頁）。

(3) 出訴期間の伸長

（i）**議論の概要**　改正前民法では，嫡出否認の訴えの出訴期間は，夫が子の出生を知ってから1年であった（改正前777条）。この1年という期間については，夫が子の出生後の間もない時期に子の出生を知ったものの，子が成長するにつれて，その容貌等から生物学上の父子関係の存在を疑うに至った場合等を想定すると短いとの指摘もあった（中間試案の補足説明・35頁）。また，母

第4章　実親子法の改正（2022年）

等が子の否認権を子に代わって行使すること等を考えると，子の妊娠・出産後の母に短期間で否認権を行使するか否かの判断を強いることとなり，子の出生から1年という出訴期間は短いともされる（部会資料4・2頁）。

　出訴期間を延長し，生物学上の父子関係がない場合に，法律上の父子関係を否定し，真実と法律上の父子関係を一致させることを広く認めるというのは一つの考え方である。もっとも，父子関係を否定し得る期間が長くなると，子の身分関係はなかなか安定せず，不安定なものになる。そこで，否認権行使の機会を確保することと，子の身分関係の早期確定の要請との調和が必要となる（中間試案の補足説明・38頁。この点に関連して，後記2(4)(i)参照）。

　出訴期間に加えて，その起算点をどのようにするかも問題になる。改正前民法は，夫が子の出生を知った時を起算点とするが，㋐子の出生を知った時から5年又は10年を経過したとき，㋑その子について否認権を行使できることを知った時から1年又は2年を経過したときの，いずれかに該当するときは否認権を行使できないとするなど，起算点が異なる長期・短期の2つの出訴期間を設けることも提案されていた（部会資料4・1頁）。㋑の規律を設けることにより，実質的に行使期間の制限を拡張し，否認権を行使する機会を保障できるという意義があるが，①改正前の嫡出否認制度との連続性を欠くこと，②「子について否認権を行使できることを知った時」という主観的な要件は認定が困難であり，紛争の長期化のおそれもあることから，改正前民法と同様，子の出生を知った時を起算点とすることを中心に議論がされた（中間試案の補足説明・39頁）。

　(ii)　**原則としての3年の出訴期間**　　出訴期間については，否認権の行使の機会の保障と子の身分関係の早期確定を考慮し，子

の出生を知った時から3年又は5年のいずれかが提案されていた（部会資料9・20-23頁，中間試案の補足説明・40頁）。

　最終的には，否認権行使の機会を十分に確保すると同時に，長期間の出訴期間を設けて子の身分関係を過度に不安定にすることを避けるという点から，子の認知・発達を考慮し，出訴期間は3年とされた（一問一答・57・58頁，部会資料25-2・14頁。部会資料18-1・29-30頁も参照）。物心が付く年齢（3歳頃）までに法律上の父子関係が確定することが，子の利益に適う（中間試案の補足説明・40頁），子の認知・記憶は4歳前後に大きく発達し，5歳頃までには出来事の記憶が長期にわたって残るようになるとされるという理解（一問一答・57頁，部会資料25-2・14頁）を前提にしている。このような出訴期間は，否認権の行使期間の経過によって，推定される父子関係を前提として社会的事実が形成されることから，推定される父子関係を法律上の父子関係として確定することが相当であることによっても基礎づけられるとも説明がされている（中間試案の補足説明・36-37頁，一問一答58・59頁も参照）。

　なお，前夫については，3年の出訴期間に加えて，子が成年に達したときは，行使することができないという制限が設けられている（改正778条の2第4項。前記2(2)(ⅳ)(b)②参照）。

　(ⅲ)　**例外としての出訴期間**　　複数回の婚姻があり，直近の婚姻の夫の嫡出推定が否認された後の出訴期間は（2(1)(ⅰ)の表β欄），嫡出否認の訴えの確定を知った時から1年以内である（改正778条）。原則としての出訴期間の3年よりも期間が短くなっている。

　これは，新たに嫡出推定により父とされた者との間の父子関係について，否定する機会を設けると同時に，否認権を行使する時点で子の出生から相当期間が経過していることが多いと考えられることから，早期に父子関係を確定するためである（一問一答・

139

61頁，中間試案の補足説明・62頁）。この場合，否認権の行使の機会を確保するという趣旨から，子が既に成年に達していたとしても，出訴期間内であれば，前夫以外の者（父，子，母）の否認権の行使は認められる（改正民法778条の2第4項参照）。

(4) 関連する改正

以下で扱う改正の内容は，いずれも，改正前民法においても問題として生じ得るものであったが，否認権者の拡大・出訴期間の伸長により，従前よりも，紛争が生じる可能性が高くなる問題への対応に関するものである。

(ⅰ) 嫡出の承認

(a) 議論の概要——子の身分関係の早期確定の必要性　否認権者の拡大や出訴期間の伸長により，嫡出子の身分関係は，改正前民法よりも不安定になる。改正前民法においては，当事者の意思により，嫡出否認の訴えの出訴期間内に，父子関係を確定する方法として，父が，子の出生後に，子が嫡出であることを承認したときは，否認権を失う嫡出の承認という制度があった（改正前776条）。もっとも，嫡出の承認は，実務ではほとんど用いられていないと指摘されている。学説でも，承認は黙示でもなされるが，意思能力を要し，明確になされることを要する，出生の届出をすることは該当しない（以上，我妻栄・前掲219頁）等と説明されるが，具体的にどのような行為が嫡出の承認に該当するかは明らかではない。

改正の議論においては，推定される父子関係を早期に確定させたいとのニーズが高まる可能性も指摘され，父子関係の早期確定のための制度の創設の可能性も議論された（部会資料4・9頁）。また，嫡出の承認のあり方について，公正証書により嫡出の承認を

した場合に，否認権を失うという案も提案されたが（部会資料 10-1・1 頁），改正前民法の解釈上いかなる場合が嫡出の承認に該当するかが明確でないことから，手続に関して具体的な規律を設けることは見送られた（部会資料 23・12 頁）。

その結果，最終的には，嫡出の承認の規定を，「父又は母は，子の出生後において，その嫡出であることを承認したときは，それぞれその否認権を失う」（改正 776 条）と改正し，嫡出の承認権者を母にも拡大するにとどまった。

(b) 承認権者の限定の理由　改正法は，新たに否認権者となった母は承認権者とするものの，子と前夫は承認権者としていない。

子については，子に否認権を与えることによる子の成育に対する影響への懸念や，子自身による否認権の行使を認めるということは，一定の判断力を有することを前提とするものであり，嫡出の承認をすることも可能であると考えられることから，子を承認権者とすることも提案されていた（部会資料 17・22 頁，部会資料 23，12 頁）。しかし，子が否認権の内容及びその放棄の効果を十分に理解した上で承認をすることは当然に期待できるものではなく，軽率に承認することで子の利益に反する事態が生じるおそれがあること，嫡出の承認についての議論の蓄積がない中で，子が否認権の放棄を意図したものではない言動が嫡出の承認であるとされる可能性があり得ること，子に嫡出の承認を認めることで，どのような利益が保護されるのか明確でないこと等から，改正は見送られた（一問一答・86 頁，部会資料 24-2・10-11 頁）。

また，前夫については，父子関係の当事者ではないこと，父や母と異なり，子が再婚後の夫の子と推定されている限りは子を養育する主体とならないこと，再婚後の夫による子の養育を黙認し

ていただけで，嫡出の承認があったとすることは，前夫の否認権を制限することになり相当でないことから，嫡出の承認権が認められていない（一問一答・86頁，部会資料17・25頁）。なお，前夫が再婚後の夫の子であることを争わない旨の積極的言動等をしていたにもかかわらず，それに反して否認権を行使した場合，信義則に反する，または権利濫用に該当し，否認権の行使は許されないとも解されている（部会資料17・25頁）。

(c) 今後の課題　今回の改正により，子の身分関係の安定のために，推定される父との間に身分関係を早期に確定させたいというニーズが高まると指摘されている中で，従来，ほとんど利用されてこなかったとされる，嫡出の承認制度が注目される可能性はあろう。

その際に，どのような行為が，嫡出の承認に該当するのかが問題になる。例えば，改正の議論の中で，母については，子の生物学上の父が誰であるかを知り得る存在であることから，父と子との間に社会的な親子関係が形成されているという事情は，本来的には，母の嫡出の承認の有無の判断に当たって，考慮されるべきものであるとの指摘もある（部会資料21-2・12頁）。嫡出の承認とされる行為を広く認めることは，真実性と安定性のバランスをとる実親子法において，安定性を重視することにつながるとも整理できよう（それに対して，中間試案の提案に対してではあるが，嫡出の承認の規定の実効化の必要性に疑問を呈するものとして，柳迫周平「実親子法における意思的要素の意義とその構造」神戸法學雜誌71巻3号（2021年）92頁以下）。

(ii) **費用償還**　改正法では，改正前民法と同様，嫡出推定が否認された場合，子は出生時に遡って夫の嫡出子としての地位を失うと考えられている（一問一答・88頁。なお，立法論としては，嫡

出否認の訴えの出訴期間を延長する場合に，既に存在していた社会的親子関係を尊重し，将来に向かってのみ効力が生じるとすることもあり得る（二宮周平「出生による親子」家族〈社会と法〉33号（2017年）29頁以下））。しかし，出訴期間の伸長により，嫡出推定が否認された時点で，子と父の間に一定の関係が存在している可能性が高まり，それへの対応のために，改正において，新たな規律が設けられた。

改正778条の3は，嫡出否認の訴えにより父子関係が否定されても，「子は，父であった者が支出した子の監護に要した費用を償還する義務を負わない」と規定する（認知についても改正786条4項で同様の規律が設けられた）。嫡出推定が否認されると，父が支出した子の監護に要した費用は，法律上の原因を欠くものとして，不当利得返還請求の対象となり得る。しかし，父が子に償還を求めることができるとすると，実質的に否認権の行使の抑制になること（部会資料23・13頁）等からこのような規定がおかれた（一問一答・88頁）。

子の監護費用は，子の成長や発達のために支出した費用をいい，子の日常生活や，子の成長のために当然必要とされる教育費等が該当する。子の養育とは直接関係がない不動産の贈与等は該当せず，その効力は，錯誤等の法律行為一般の規律に従うとされている（以上，一問一答・90頁，部会資料23・14頁）。

推定されていた父から，母や新たに法律上の父とされた者等本来扶養義務を負う者に対する監護費用の求償については，返還請求を認める方向，認めない方向の双方から，規律を置く可能性が検討された（部会資料4・8頁，部会資料23・15頁等）。しかし，改正前民法においても本来の扶養義務者に対する不当利得返還請求が認められるかが明らかでないことや，返還を認める規律を置く

第4章　実親子法の改正（2022年）

ことで本来の扶養義務者が求償をおそれて否認権の行使を躊躇すること等の反対意見があり，明文化が見送られた。この点については，今後も，解釈に委ねられることになる（以上，一問一答・92頁，部会資料24-2・11頁）。

(iii) 相続における価額支払請求

> 事例4：A女は，子Bを夫Cとの婚姻中に懐胎したが，Cと離婚し，Dと再婚した。その後，AはBを出産した。

　上記のようなケースにおいて，否認権が行使され，BD間の父子関係が否定されると，子が前夫Cの子と推定されることになる（改正772条4項）。この場合，BはCの相続人となる資格を有するが（887条1項），否認権の行使が，Cの相続開始後であり，既に遺産分割等が行われていた場合，Cの他の相続人の利益との関係が問題になる（一問一答・93頁）。

　そこで，改正778条の4は，このような場合，Bが相続人として遺産分割を請求しようとする場合において，「他の共同相続人が既にその分割その他の処分をしていたときは，当該相続人〔B〕の遺産分割の請求は，価額のみによる支払の請求により行うものとする」と定める。これは，相続の開始後認知された子の価額支払請求権（910条）と同様の規定であり（一問一答・93頁），新たにCの子と推定されることになったBの相続における利益と，遺産分割の安定性・他の共同相続人の利益の調整を図った規定であるといえよう。

〔石綿　はる美〕

III　認知無効の制限

> **改正のポイント**
>
> □改正前の不実認知無効は，利害関係人がいつでも主張できるものとされていた。改正法は，嫡出否認制度に合わせる形で，これを形成無効とした上で，その主張権者と出訴期間の双方について制限を設けている。

1　認知制度の見直し

(1)　必要性——見直しの趣旨

　認知制度の改正論議は古く，約 100 年前の臨時法制審議会諮問第 1 号決議民法（親族編相続編）中改正ノ要綱（1925 年）第二十は，今回と同様に，認知無効・取消しを形成的なものとした上で，その主張期間を制限する提案をしていた（ただし期間の起算点は主張権者の反対事実認識時であった）。近時の私法学会・日本家族〈社会と法〉学会の提案でも，同様に，786 条の認知無効について期間制限をする案が示されていた（家族〈社会と法〉33 号（2017 年）27 頁）。

　今回の親子法制の改正は，無戸籍対応のための嫡出推定制度の見直しの諮問を受けたものであった。しかし，認知法改正も嫡出推定・否認制度との関連に位置づけられた上で，認知無効と嫡出否認の比較という観点から議論され，事実に反することを理由と

する認知の無効に制限が設けられることとなった（以下，認知無効の語は，特に断りのない限り，786条の事実に反する（＝血縁のない）ことを理由とする認知無効を指す。また，事実に反する認知を不実認知と略すことがある）。なお，改正作業及びそれに先行する研究会の報告書では，認知の成立要件に子本人の承諾を追加すること等も取り上げられていた（参考資料1-2・31頁。なお，胎児認知の点は嫡出推定との関係でなされたものである）。

(2) **改正内容の概要**

　改正法は，反対事実（血縁関係がないこと）を理由とする認知について，形成無効とした上で，主張権者を明記し，その提訴期間を限定した（改正786条。なお，主張権者が死亡した場合の規律も新設されている。人事訴訟法43条）。

　この改正は，改正前民法では，反対事実の主張による認知無効の主張権者が広範で，主張期間の制限もないため，子の身分関係がいつまでも安定しないところ，これは嫡出否認の訴えについて厳格な制限が設けられていることと均衡を欠く，という認識に基づいている（部会資料4・11頁，同25-2・23頁）。そこで，認知された子の身分関係の安定を図るため，主張権者の範囲を限定することを明記し，主張期間も制限したものである。

　他方，反対事実を理由とする認知無効の主張期間を限定する場合には，国籍を不正に取得する目的での不実認知に対応する必要がある。これは，国籍法3条改正（平成20年法律第88号）の際に問題となった点である。今改正の審議の過程でも，国籍の不正取得などの脱法的な認知を防止する要請と民法上の認知の効力の安定を図る要請との調和が模索された（部会資料19・42-43頁）。その際，「不実認知については取消可能とする構成とし，取消権

者・取消期間・取消方法に制約を設け，国籍不正取得目的の認知については無効とする」方向性と，「(改正前民法の通り)不実認知は無効としつつその主張権者・主張期間・主張方法に制限を設け，国籍の不正取得については民法ではなく国籍法の枠内で対応する」方向性の二つがあった。審議の半ば（中間試案・部会資料16）までは前者を基調としていたが，最終的には後者の方向が採用されている。

無効主張の方法の制限（改正786条1項柱書）

(1) 内容・意義

改正法は，事実に反する認知の無効の主張は，訴えによるべきことを明確にした（改正786条1項柱書本文）。

その意義は，①不実認知無効の性質について形成無効説の立場に立つことを明確化した点，②それにより不実認知無効の主張権者の範囲と主張期間に制限を設けるための前提を整えた点にある。

①について，今改正まで786条の無効の法的性質は明確でなかった。大審院時代の判例は，形成無効を明言するものもあったが，最高裁判例でこの点を明言するものはなく，また下級審の見解も分かれていた（明言するのは大判大正11年3月27日民集1巻137頁と最判平成元年4月6日民集43巻4号193頁の調査官解説（最高裁判所判例解説民事篇平成元年度（法曹会，1991年）123頁注5・126頁注24参照）である。また，東京地判昭和56年7月27日家月35巻1号119頁は形成無効説だが，東京高判平成31年4月17日裁判所ウェブサイトは当然無効説である）。他方，学説は当然無効説が通説とされていたが，形成無効説も有力であった（詳細は，前田泰「認知と認知無効」

第4章　実親子法の改正（2022年）

二宮周平編集代表＝野沢紀雅編『現代家族法講座　第3巻親子』（日本評論社，2021年）23頁参照。なお，部会資料14-2・12頁には「現行法上，認知が事実に反するときは当該認知は無効とされている点を見直し……」という記述がある。一問一答・105頁も参照。）。改正法は，この状況下で形成無効説の立場に立つことを明確にした。

　①は，不実認知の無効に係る主張権者及び提訴期間に制限を設けるための前提でもあった。今改正は，身分関係の安定性を確保するという要請から，当初から不実認知の効力を争う者の範囲と期間について制限を設ける方向で進められていた。もっとも，この制限は，不実認知を取消しとする枠組みの下で導入されることが目指されていた（中間試案及び第16回会議まで）。この観点からは，誰でも・いつでも（・いかなる方法でも）不実性を理由に認知無効を主張することができる法状況を改める必要があった。その場合，不実認知を当然無効とすると，権利濫用等による以外に法律上の期間制限を設けるのは困難であるため，形成無効として整理することとなった（部会資料20・42〜43頁）。

(2)　形成無効の帰結

　①まず，認知無効の裁判がされることなく不実認知の無効に関する出訴期間が経過した場合には，子との間に血縁関係がない者がした認知であっても，民法上の有効性が確定することになる。

　②さらに，事実に反することを理由とする認知の無効は，前提問題や先決問題として主張することができなくなった。そのため，たとえば，父の遺産に係る遺産確認の訴えで，相続人中に被相続人に認知された子がいる場合において，当該子について，血縁の不存在を理由に相続人としての当事者適格を否定するには，認知無効の訴えにより認知の無効が認められている必要がある（部会

資料 21-2・20 頁)。このほか，渉外親子関係の不存在の確認を求める調停で，不実認知の当然無効を前提に合意に相当する審判を可能としている実務（東京家審令和 2 年 9 月 10 日家判 33 巻 89 頁等）にも影響する（渉外親子関係存否の確認請求訴訟で，法の適用に関する通則法に基づき日本法が準拠法とされた場合も，認知に基づく親子関係の存否は，不実認知に関する形成無効を前提として判断されることになる。部会資料 21-2・20-21 頁)。

③今般の改正は 786 条に限られており，他の事由による無効の性質については，解釈に委ねられている（部会資料 25-2・28 頁。一問一答・119 頁も参照。無効事由には，認知能力・認知意思の欠缺，無断届出，他人の子（嫡出推定子・既認知子）の認知届出の誤受理，遺言認知で方式違反による遺言無効など様々なものがある。部会資料 19・46-47 頁参照。認知意思・認知能力の欠缺や無断届出等，婚姻・縁組の場合と同様に当然無効が妥当なものも多い。同 47 頁参照)。

さらに，形成無効と当然無効が並存する場合には，両者の関係が問題となる（以下は，部会資料 22-2・19 頁（注）による。一問一答・121 頁も参照)。まず，不実認知無効の訴えで請求棄却とした判決が確定した場合，提訴した者の認知無効請求権（形成権）の不存在が既判力で確定される。よって，子と認知をした者による認知無効の訴えが確定した場合は，その後の母による不実認知無効の訴えはこれによって遮断され，また，先行訴訟の当事者は，当該訴訟で主張しえた事実等に基づく同一の身分関係に係る人事訴訟は提訴できないが（人事訴訟法 25 条），他方，先行訴訟の当事者以外の第三者は，認知意思・認知能力の不存在を理由として無効の訴えを提起できる。反対に，認知意思の不存在等を理由とする認知無効の訴えで請求棄却とする判決が確定した場合，当該訴えの性質を認知の効力に係る確認訴訟とすれば，この確定判決で

第4章 実親子法の改正（2022年）

当該認知の有効性は既判力で確定され、その効力は第三者に及ぶ（人事訴訟法24条2項）。この場合に、子らが不実認知の無効を提訴（786条）できるかについては、認知無効請求権の実体法上の性質、形成無効での形成要件の充足を基準時後の事情と捉えうるか、さらには、形成無効には主張権者以外に主張可能性がない点をどう評価するか、人事訴訟法25条等を踏まえ、検討する必要がある、とされている。

主張権者の範囲の制限（改正786条1項）

(1) 「子その他の利害関係人」から限定列挙へ

（i）**内　容**　改正法は、不実認知を理由とする無効を主張できる者の範囲について、「子その他の利害関係人」とされていたのを改め、子及びその法定代理人（改正786条1項1号）、認知者（同項2号）、子の母（同項3号）に限定した（なお、子・認知者が死亡した場合は、一定範囲の者に承継・受継を認めている（改正人事訴訟法43条。(5)・**4**(3)参照）。

（ii）**趣　旨**　利害関係人の範囲を明確化した趣旨は、主張権者の範囲を制限することで、身分関係の安定を図る点にある（部会資料19・43頁）。もっとも、主張権者の範囲制限は、直接には、認知に基づく父子関係を攻撃しうる者の範囲を利害関係の観点から限定するものにすぎない。この点で、現に存在する身分関係を保護することには直結しない。とはいえ、改正前の「利害関係人」という語のままでは、具体的範囲が開かれた形となり、将来、ある者が含まれるかの解釈的疑義、ひいては拡張の可能性が残る。そこで、嫡出否認における否認権者と同様、不実認知の無効につ

いても具体的に列挙することにした。

(iii) **意義——範囲縮小**　従前の利害関係人の範囲について，裁判例は，認知が無効であることにより自己の身分関係に関する地位に直接影響を受ける者（東京高判平成 26 年 12 月 24 日判タ 1424 号 132 頁）と把握した上で，認知者，認知者の妻，認知者の子・父母・妹，子の母，子の真実の父と称する者を含めていた（認知者—最判平成 26 年 1 月 14 日民集 68 巻 1 号 1 頁，認知者の妻—大判大正 11 年 3 月 27 日民集 1 巻 137 頁，認知者の子—最判昭和 53 年 4 月 1 日家月 30 巻 10 号 26 頁，子の母—大判大正 14 年 9 月 18 日民集 4 巻 635 頁，子の真実の父と称する者—東京控判昭和 5 年 6 月 27 日新聞 3144 号 11 頁など。部会資料 16-3・16 頁を参照）。その際，親族間の扶養義務や相続等に係る利益の存在が利害関係の根拠となっており，利害関係人は個別事案で訴えの利益を有する者とされていた（部会資料 19・43 頁）。

今改正は，利害関係を有する者を定型的に示すことが可能であるとして（部会資料 19・43 頁），前記の者に限定して列挙した。これは改正前よりも主張権者の範囲を狭くしている。この点，改正前の利害関係人の概念が広いことについては，成立要件が緩やかであることに対応して無効主張を広く認めるものであって，均衡がとれているという見方もあった（部会資料 17・40 頁）。しかし，改正法はこのようなバランス論を身分の安定要請の観点から再調整したといえる。

(iv) **網羅性**　改正法で限定列挙された者が，不実認知の無効による父子関係の否定に正当な利害を持つ者として必要・十分といえるかが問題となる。父子関係の存否は，親族関係上の利益・不利益（扶養関係など），そして親族関係を媒介とした相続法上の利益・不利益に関わる。このうち，相続に係る利害を有する者に

第 4 章　実親子法の改正（2022 年）

ついては後述する（(5)。また，公的利害として，国籍の不正取得目的での不実認知に関する主張権者の問題は(6)を参照）。

ここでは，血縁上の父であると主張する者が列挙されなかった点を扱う。審議過程では，賛否両論があった。

肯定の立場は，血縁上の父を肯定する裁判例の存在（前掲東京控判昭和 5 年 6 月 27 日），血縁を伴う父子関係形成に係る利益を論拠に挙げる（認知をする前提として，既存の父子関係を否定する必要がある。部会資料 22-2・20 頁）。さらに，嫡出否認の場合には子が婚姻家庭に包摂されている状態が想定されるが，任意認知の場合に対応するものはなく，その点で異なる扱いもありうる（部会資料 4・10 頁注 3。同 20・44 頁は，嫡出推定と認知では，父子関係発生メカニズムが異なり，直ちに同一の規律が帰結されるものではない，とする）。しかし，認知を前提として形成された社会的な親子関係の保護を図るという改正の趣旨に照らすと，子，認知者，母の意思に反して，固有の提訴権を認める必要はない，として，否定の立場が採用された（部会資料 25-2・25 頁）。

ただ，社会的親子関係の保護という否定説の論拠からすれば，後述Ⅳの特則と同様の要件（社会的親子関係の徴表として同居に着眼）を設けて無効主張権を認める余地もあった。やや極端な例だが，母が認知者と結託して真実の父を監護から排除しようとする場合もありうるから，今後の立法課題として検討すべきであろう。なお，審議過程では，懐胎時に刑事施設収容中など認知者による懐胎不可能という客観的事情がある場合，父子関係不存在の確認の訴えを認める余地について議論されたが，解釈に委ねるものとされた（部会資料 22-2・21 頁）。一見，772 条について嫡出推定の前提を欠く場合に推定が及ばないとして父子関係不存在の確認を認める「推定の及ばない子」の解釈論に対応するようにみえる。

これは安全弁として機能することを企図したものだが,「認知者による懐胎不可能という客観的事情がある場合」とはまさに不実認知無効の訴えで証明されるべき血縁の有無に直結する事実である。この点で,認知無効の訴えを別の形でしているのと同じであり,限定列挙の趣旨を逸脱するものと評価されるおそれがあろう。

(2) 子（改正786条1項1号）

(ⅰ) **根拠** 認知に基づく父子関係の当事者であり,改正前民法も明記していたことから,改正法も列挙したものである（部会資料25-2・24頁）。

(ⅱ) **本人自身による行使** 嫡出否認の場合と異なり,認知無効では,7年の期間と認知認識時という起算点に鑑み,子本人が無効主張する場面も十分に考えられる（そもそも,子が意思能力を有する年齢になってから認知がされる場合もある）。もっとも,子が幼年の場合,その親権を行う母・未成年後見人の認識が起算点となる（部会資料25-2・24頁）。

また,成年子認知で子本人が（とりわけ血縁不存在を認識しながら）承諾（782条）していた場合に無効主張できるかについては,解釈に委ねられている。認知者の場合と同様,主張すること自体は認めた上で,個別の事案次第で権利濫用と評価される余地がある（部会資料22-2・17頁。一問一答・102頁注1も参照）。

(ⅲ) **法定代理人による行使** 認知無効に係る本人の主張権限は,法定代理人が本人に代わって行使することができる（部会資料25-2・24-26頁）。この場合,7年の行使期間は,法定代理人が認知を認識した時から起算される。

子の嫡出否認権をその法定代理人が行使する場合については「子のために」（改正774条2項）という文言がある。これに対して,

認知無効の場合には対応する規定になっていない。しかし、適正行使が要請されるのは当然である（部会資料22-2・17頁）。

なお、期間満了前の一定期間に親権を行う母がいない場合など、嫡出否認では出訴期間満了が猶予される（改正778条の2第1項）が、認知無効で対応する規定は設けられなかった。これは、現行法上も手当はないこと、出訴期間は否認より長く、認知は幅広い年齢の子が対象でそもそも本人による認知無効の主張可能性があること及び特則も用意されていることを考慮したものである（部会資料25-2・24頁）。

(iv) **競合の調整問題**　不実認知の無効主張については、一定の判断能力を有する未成年子と法定代理人の権限が競合する。その際、身分関係を否定する権限について、一身専属性があり、またそれゆえに代理行使の禁止が原則となる点をどのように理解するかも問題となる。認知の訴え（787条）でも類似の状況が生じるが、そこでは、未成年子本人が提訴可能になれば本人のみが、それまでは法定代理人のみが行使する、という棲み分けを試みる解釈論もあった。786条についても、今後の解釈論に委ねられたものといえる（部会資料22-2・17頁参照。なお、786条では、787条と異なって母固有の権限がある点が影響するか、という問題がある）。

(3) **認知者（改正786条1項2号）**

(i) **根拠・内容**　認知者は父子関係の当事者であり、その効力を争える。認知者は自ら認知をして子との父子関係を成立させた本人である点で、改正前は、認知者の無効主張の肯否が激しく議論されていた（この論点の詳細については、前田・前掲「認知と認知無効」参照）。改正前の最高裁は肯定説を採用していたところ（最判平成26年1月14日民集68巻1号1頁）、改正法による認知者

の列挙は，この論点に決着をつけたものといえる。

(ii) **是 非**　改正前，否定説は，認知者の恣意的振る舞い（自ら認知をしておいてその無効を主張する）に対する消極的評価や，認知者による認知の取消しを禁止する785条と不実認知の無効の主張権者に認知者を明示していない786条とを合わせて読む解釈を論拠としていた。とりわけ，血縁の不存在を知りつつ認知をしていた場合は，恣意性が際立つ。

他方，肯定説は，血縁不存在にもかかわらず法的父子関係を残すのは認知者に著しい不利益であること，生物学上の父子関係の有無を確認しない限り認知することが躊躇されるといった事態を招いて認知制度の円滑な利用を阻害しかねないこと，また，子の利益からみても，自らの子でないことを認識するに至って養育の意思等を失った認知者を子の法律上の父とし続けるのは相当でないことなどを論拠とする（部会資料19・44頁も参照）。

結局，「認知をした事情等には様々なものがあると想定されることからすると，一般条項の適切な活用も視野に入れつつ，個別事案に応じた柔軟な解決の余地を認めることが相当」とされた（部会資料21-2・22頁）。よって，事実に反することを認識して認知した者を含め，認知者による無効主張は認められ，ただ，権利濫用とされる場合がある，ということになった（前記最判平成26年1月14日の立場にならったものと評価できる。一問一答・102頁注2も参照）。

(4) 子の母（改正786条1項3号）

(i) **根拠・内容**　子の母は父子関係の当事者ではない。その点で母が認知無効にどのような利害を有するのかが問われる。この点，母は，共に子の養育をする存在として，父子関係には利害

がある（部会資料25-2・25頁）。さらに，母は父子間の血縁をもっともよく知りうる立場にあるにもかかわらず，胎児認知を除いて認知に関与しないため，その認識する事実と異なる認知がなされる場合がある。以上を根拠に，母は主張権者とされた。なお，母は，親権・監護権の有無にかかわらず，母の地位に固有の権利として無効を主張できる。

(ii) **阻却要件**　母固有の認知無効の主張は，子の利益を害することが明らかな場合，認められない（改正786条1項ただし書の新設）。

これは，社会的実態を伴う父子関係があるにもかかわらず，母が認知をした父との紛争等から認知の無効を主張する場合，子の身分の安定性を不当に害することから設けられた規律であり，嫡出否認の場合（改正774条3項ただし書）と同趣旨のものである（部会資料25-2・25頁）。これは，母が子の法定代理人として無効主張する場合には適正に行使すべきとの要請が働くことにも対応している。

阻却要件が問題となるのは，たとえば，子の承諾した成年子認知（782条）の場合である（部会資料25-2・25頁，一問一答・106頁も参照）。ここでは認知に直接関与した子の意思との調整が問われる。また，死児に成人の直系卑属がいてその承諾のある認知（783条3項）の場合も，これと類似の状況といえる（認知に関与した者をさしおいて，固有の無効主張権を有するとはいえ認知の当事者ではない母が容喙する点に，問題の根がある）。

(iii) **母が認知に関与している場合**

(a) **母が胎児認知を承諾していた場合**　この場合は，認知者と類似の状況にある。よって，認知者による無効主張の権利濫用該当性の問題と同様に考えるべきであろう（部会資料22-2・20

頁参照)。

(b) **母が認知を誘導・加功していた場合**　この場合について審議過程で議論はなかった。また，この場合の母による無効主張を問題視する必要があるかも明らかでない。ただ，母は，認知に全く不関与の場合もあれば，むしろ積極的に関与している場合もあり，父による認知に関する立ち位置には相当な幅がある（母が共同養育者として認知者を引き込んでいるような場合は，認知者と同視しうるのではないか）。後者の場合への対応の要否は，今後の検討課題であろう。

(5) 主張権者が期間経過前に提訴せず死亡した場合

(i) **前提にある原則**　認知無効によって親子関係を否定するか否かは，事柄の性質上，本人自身が判断すべきものといえる。この点で，無効主張権は一身専属性を有する。そのため，主張権者が死亡すれば当該権利も消滅するのが原則である（提訴前の死亡なら相続対象外で消滅し（896条ただし書参照），提訴後の死亡なら訴訟終了事由となる（人事訴訟法27条1項参照））。

(ii) **例外規律の新設（改正人訴43条）**　改正法は，認知者と子について，この原則に対する例外として，次の二つの規律を新設した。

①認知者が，認知無効の出訴期間を徒過する前に提訴しないまま死亡した場合，認知された子の存在によって（認知者を被相続人とする相続に係る）相続権を害される者，及び，認知者の三親等内血族は，認知無効の訴えを提起することができる（人訴43条1項-41条1項）。その場合の出訴期間は，認知者の死亡の日から1年である。なお，胎児認知で認知者が子の出生前に死亡した場合も，この期間の起算点は同じである（提訴可能となる出生時からで

はない。部会資料 22-2・18 頁。現行の人事訴訟法 41 条 1 項でも同じ事態があるが問題とされていないこと，身分関係の確定において相続権を害される者の利益を保護する要請が大きいとまではいえないことを理由とする。なお，出生前に認知者が死亡した場合でも胎児認知は失効しない)。

②子が，認知無効の出訴期間を徒過する前に提訴しないまま死亡した場合，子の直系卑属（またはその法定代理人）は，認知無効の訴えを提起することができる。その場合の出訴期間は，子の死亡の日から 1 年である（改正人訴 43 条 2 項）。なお，子の無効主張権（及び嫡出否認権）の期間制限に対する特則（改正 778 条の 2 第 2 項・786 条 2 項）は，本人自身の行使機会を保障するものであり，子が死亡した場合の直系卑属には適用されない（一問一答・113 頁注 2 参照)。

(iii) 新設規律の意義

(a) 認知者死亡の場合（改正人事訴訟法 43 条 1 項）　この場合，新設規律は，認知無効を主張し得る者の範囲に関する議論と密接に関連する。

そもそも，限定列挙にあたっては，認知者を被相続人とする相続について利害を有する者，また，認知による父子関係を媒介に成立する親族関係に係る利害（扶養など）を有する者を含めるか，という点が議論されていた（部会資料 19・44-45 頁）。改正前の「利害関係人」には，これらの者が含まれていた（認知者の妻（大判大正 11 年 3 月 27 日民集 1 巻 137 頁），認知者の子及び妹（大判大正 15 年 12 月 20 日民集 5 巻 869 頁）など）。さらに，これと関連して，相続権を害する目的でなされた認知の効力を否定すべきか，という点も検討されていた（特定の推定相続人の相続権を失わせる，または，その相続分を減少させるために認知がなされた場合，当該認知で不利益

を受ける推定相続人は相続が開始してから認知の事実を知ることが多く，被相続人の死亡時には認知無効の訴えの出訴期間が経過している場合もありうる。部会資料 19・46 頁・同 20・46 頁など参照。もっとも，こうした認知については，認知制度の濫用といえる場合は認知意思を否定することでも対応でき，一律に対応する必要はないとされた。部会資料 21-2・25-26 頁)。

他方，身分関係の安定の観点からは，子の身分は早期に安定させるべきであり，認知後の時間の経過に伴い親子の事実の積重ねも重厚になることを踏まえると，認知者の相続人の利益保護を優先すべきとはいえないことになる (部会資料 18-1・46 頁)。

以上の点について，改正法は，現行人事訴訟法 41 条の規律と同様の枠組みで，この問題に対応することとなった (部会資料 20・44-45 頁)。この規律は，嫡出否認権者たる夫が死亡した場合に一定の範囲の者に提訴権の承継・訴訟の受継を認めるものである。同条は，嫡出否認権者の範囲をめぐる議論において，削除の是非が議論された上で，残されたものである (中間試案の補足説明・72 頁)。しかし，この規定は，人事訴訟法に先行する人事訴訟手続法 (同法 29 条) に由来し，さらには民法に置くことが予定されていた (商事法務版・民法議事速記録六 528 頁及び商事法務版・人事訴訟手続法議事速記録 73 頁)。つまり，人訴 41 条は，手続法的性質だけでなく，訴権を有する者の範囲という実体法的性質をも有する規定である。事実，民法に置く際に議論されていたのも，相続に関する利益を有する者に嫡出否認権を認めるべきか否かという点であった。もっとも相続等の利害を有する者の無効主張が問題となるのは認知者の死亡後であることを踏まえると，この規定の枠組みで対応するのも，十分に考えられる。これによって，相続や扶養義務等で利害関係を有する者が主張権者に列挙されず，

その結果，実質的に改正前の利害関係人の範囲を狭めることにならないか，という点は，新規定の運用次第ということになる（なお，部会資料 21-2・23-25 頁は，認知者の配偶者について，改正前人訴 41 条と同様の解釈を採るとしている）。

(b) 子の死亡の場合（改正人事訴訟法 43 条 2 項）　嫡出否認の場合と異なり，認知では成年の子が認知される場合もあり，子に直系卑属が存在することも考えられる。この直系卑属には，認知無効について，相続や親族関係の形成に関する利害関係を有する（部会資料 25-2・24 頁，同 23・25-26 頁。認知の訴え（787 条）で子の直系卑属に訴権が認められていることも根拠に挙げられている）。そこで，認知された子が死亡した場合の承継・受継の規律が置かれた（人事訴訟法 43 条 2 項）。なお，成年子の認知の場合（子自身が承諾している。782 条），また，死亡した子の認知で承諾をした直系卑属（改正 783 条 3 項）については，承継等を認めてよいかが問題となろう。

4　訴訟の当事者

(1) 認知無効の訴えの当事者

訴えの当事者は以下の通りである（部会資料 21-2・23-24 頁）。

原告	被告
子（成年に到達した場合を含む）/法定代理人	認知者
（提訴前死亡の場合）子の直系卑属 ・その法定代理人	認知者
認知者	子
（提訴前死亡の場合）相続権を害される者 ・認知者の三親等内血族	子
子の母（固有）	認知者と子＊

＊嫡出否認の場合，子は被告とされていない（775条1項3号）。認知の場合は，子が一定年齢（成年年齢も含む）に達していることもある。

(2) 被告（子，認知者）が死亡した場合

この場合について，改正による変更はない（部会資料25-2・24-26頁，同23・25-26頁）。①提訴前死亡の場合について，認知による父子関係の当事者の一方が提訴するときは，検察官を被告とする（人事訴訟法12条3項）。当事者でない者が提訴するときで，被告の一方が死亡しているなら残る他方のみを被告とし（同条2項），双方とも死亡しているなら検察官を被告とする（同条3項）。②訴訟係属中の死亡の場合について，認知による父子関係の当事者の一方が他方を提訴していたときは，訴訟は中断して検察官が受継する（人事訴訟法26条2項）。当事者でない者が当事者双方を提訴していたときは，被告の一方のみが死亡した場合は他方のみを被告に訴訟を続行し（同条1項），被告が双方とも死亡した場合は中断して検察官が受継する（同条2項）。

第4章　実親子法の改正（2022年）

(3) 訴訟係属中に原告が死亡した場合

(i) **原告が認知者・子でない場合——変更なし**　原告が母，認知者・子からの承継者である場合，改正前の通り，受継の問題は生じず，訴訟は終了する（人事訴訟法27条1項。母死亡の場合の不承継につき，部会資料25-2・25頁，同22-2・19-20頁も参照）。

(ii) **原告が認知者・子の場合——規律を新設**　改正前の規律では，認知無効の訴えを提起した子・利害関係人が死亡した場合，訴訟は当然終了となる（人事訴訟法27条1項）。

改正法はこれを改め，一定範囲の者による受継を認めた（改正人事訴訟法43条1項-41条2項・43条3項。理由については提訴前の死亡と同様である。前出参照）。すなわち，認知者が提訴後に死亡した場合は，嫡出否認の場合と同様，認知された子のために相続権を害される者その他認知者の三親等内血族は，認知者の死亡した日から6か月以内に手続を受継することができる（改正人事訴訟法43条1項-41条2項）。子が提訴後に死亡した場合，嫡出否認の場合と異なり，子の直系卑属は，子が死亡した日から6か月以内は，手続を受継することができる（人訴42条3項）。

以上と合わせて，認知者・子が認知無効の調停を申し立てた後に死亡した場合についても，規律が新設された（家事事件手続法283の3）。この場合，事件は終了するが，前記の訴訟を受継し得る者が，それぞれ認知者・子の死亡の日から1年以内に不実認知を理由とする認知無効の訴えを提起したときは，認知者・子がした調停申立ての時に，その訴えの提起があったものとみなされる（嫡出否認の場合の規律（家事事件手続法283条）と同様とするものである。部会資料21-2・23-25頁。一問一答・116頁も参照）。

5 不実認知の無効を主張する期間の制限

(1) 内容・趣旨

不実認知に係る無効の訴えについては、7年の期間制限が新設された。期間の起算点は、認知者は認知の時、子及びその法定代理人、子の母は認知を認識した時である（改正786条1項）。

期間制限を設けた趣旨は、認知に基づいて成立した父子関係についても、嫡出推定による父子関係と同様、身分関係の安定という要請が働くことによる（部会資料20・46頁）。もっとも、父子関係の内容の相違に応じて、期間とその起算点は嫡出否認の場合と異なっている（部会資料21-2・25頁）。

(2) 期間の長さ

嫡出否認の訴えの出訴期間は、出生時から3年である（改正777条）。これに対して、認知無効の訴えの出訴期間の起算点は、主張権者の認識時に設定されており、また、期間も長い。これは、嫡出推定と任意認知とで身分関係の安定要請がある点は同じだが、その程度には違いがあることを示している。事実、嫡出推定と認知とでは次の違いがある。認知は、出生と同時になされるとは限らず（胎児認知は出生前に届出がなされるが、それ以外の場合、認知は任意の時点でなされうる）、また、認知者による養育の有無とその内実も多様であり、極端な場合には法的父子関係は存在するもののその内実を全く欠く場合も考えられる（部会資料20・46頁。部会資料17・39頁は、事実婚カップルに養育される場合、男性が認知のみして現実の監護には関与しない場合を挙げる）。よって、夫婦の子の

場合，嫡出否認権者による否認権の行使を期待し，それがされない場合は早期に父子関係を確定させるのが子の利益になるのに対して，認知による父子関係はそうとはいえず，身分の安定要請の程度に差を設けることも十分に合理的といえることになる。また，原則として認知者のみの意思表示と届出のみで成立するという要件の簡易さに対応して広く無効主張を認めてよい，という考えから，成年年齢到達時までとする案もあった（部会資料17・38頁）。以上に加え，期間を短期にするとそのぶん認知制度が濫用されるおそれも高まる点も考慮されている（部会資料21-2・25頁。後述する国籍を不正に取得するための不実認知が念頭に置かれている）。

いずれにせよ，7年という期間は必然的な数字ではなく，審議過程では，次表のように，（嫡出否認と同様の）3年や成年年齢到達時までなどかなり幅のある案が検討対象とされた。

～中間試案	子が一定年齢に達するまで
部会資料16-3	認知時から3／5年のいずれか
部会資料17-1，18-1	成年到達時まで＋認知時から3年
部会資料19	認知時から5／7／10年のいずれか
部会資料20・21-2	7年

(3) 起算点

(i) **概要・経緯**　　出訴期間の起算点は，訴えを提起することが可能となった時とするのが合理的である（部会資料25-2・26頁）。そこで，以下の通り，主張権者ごとに規定されることになった。

認知者	認知時	（786条1項2号）
子・母	認知認識時	（786条1項1号・3号）
胎児認知の場合	出生時（全主張権者）	（786条1項本文かっこ書）

※部会資料21-2では主張権者全員につき認知時とされていたが，同22-2で胎児認知の場合を出生時とする例外を追加した。なお，部会資料23で主張権者ごとに書き分ける形にした際，胎児認知の場合の注記を認知者にのみしていたため，同24-2で修正している。

(ii) **子・母について主観化した理由**　認知は認知者の単独行為であり，また，届出人でない者に届出の受理があったことを通知する制度もない（なお，胎児認知・成年子認知の場合，承諾は必要だが，実際に認知の届出がなされたことを通知する制度はない）。そのため，子及びその法定代理人，子の母は，認知の有無，それによる父子関係の成立について知らないままの場合がありうる。しかし，認知の事実を認識することなく制限期間を徒過し，その無効の主張をできないものとするのは，主張可能性のないまま失権させることになり，妥当といえない。そこで，認知者以外の者については，認知を認識した時を起算点とした（部会資料25-2・24-26頁）。

この結果，たとえば，認知者・子は出訴期間を徒過したが，母については出訴期間が未経過である場面も生じうる。この場合，父子関係の当事者が否定できなくなった状況において，母という第三者に認知無効の主張を認めることの妥当性が問題となる（とりわけ，成年の子が認知された場合（782条）にも，母が認知事実不知ならその訴権が長期間残り，その間は父子関係が確定しないことになる）。この点は，母固有の無効主張について設定された阻止要件の該当性判断で考慮されることになろう（部会資料23・19，21-22頁参照）。

(iii) **胎児認知の場合の起算点の規律**　胎児認知が効力を生じ

るのは，認知の届出時ではなく，その後に子が出生した時である。認知がまだ効力を生じておらず，その無効の訴えもできないうちに，出訴期間の起算を始めるのは妥当でない。そこで，胎児認知の場合の出訴期間の起算点は，すべての主張権者について，訴えを提起できる時点である子の出生時とした（部会資料24-2・23頁）。

(iv) **解釈問題**

(a) 起算点及び認識対象としての認知　　認知無効の訴えを提起することができるのは，認知の効力が発生した時以降である。よって，起算点・認識対象としての認知も，その効力を生じたものと理解すべきであろう。

胎児認知・成年子認知等，承諾を要する認知では，承諾者は認知がなされることは認識しうるが，実際に認知がされるか否かはその時点ではわからない。胎児認知を承諾した母につき，子の出生時から出訴期間を起算するものとしていることからすれば，後に受理される認知の届出があったことを認識する必要があろう。他方，遺言による認知（781条2項）の場合は，被相続人の死亡で効力を生じる（985条1項）から，認知の届出ではなく，遺言による認知の存在と遺言の効力発生（すなわち遺言者の死亡）を認識することが必要となるが，届出の存在を認識すればこれらも認識したことになろう。

(b) 子・その法定代理人　　子が未成年の場合は，その法定代理人の認識でも足りる（部会資料23・20頁）。相続の選択に係る熟慮期間の起算点（917条）では，相続人が未成年ならその法定代理人の認識のみを問題としているのとは異なる。もちろん，未成年子が幼少でその認識を問題とするのにふさわしい程度に成熟していない段階では，法定代理人の認識のみが問題となる。

6 国籍取得目的の不実認知への対応

(1) 規定の新設(改正国籍法3条3項)

(i) **内 容** 認知無効に係る改正に合わせて,認知された子の国籍の取得に関する規定(国籍法3条1項・2項)に,認知について反対の事実がある場合には適用しない,とする旨の規定が追加された(改正国籍法3条3項)。

この規律は,国籍の不正取得を目的とした虚偽認知を防止するために新設された。すなわち,新設された規律により,事実に反する認知は,その無効主張の期間が経過したものであっても,国籍取得との関係では,なお無効であることが前提となる。その結果,事実に反する認知は,国籍取得の要件を充たさないものと扱われる。なお,法の適用に関する通則法32条等での子の本国法の決定が問題となる場面など,子の国籍が私法上問題となる場面でも,民法上の認知無効の期間は問題とならず,国籍法3条による日本国籍の取得は無効であると主張することができる(部会資料18-1・48頁)。

(ii) **背 景** 民法上事実に反する認知は無効であるが,今回の改正により,この無効の性質は形成無効とされ,一定の期間が経過すれば無効を主張することが許されなくなる。他方,国籍法は,父または母が認知した子で18歳未満の者は,認知者が子の出生時及び現在において日本国民であるときは,法務大臣への届出により日本国籍を取得することができる,とする(国籍法3条1項。なお,民法上,認知は出生時に遡及して効力を生じるが,国籍法上,認知された子について,出生による国籍の取得(国籍法2条1号。出生

第4章　実親子法の改正（2022年）

時に父又は母が日本国民であるとき）は認められない）。これは平成20年改正（平成20年法律第88号）によるものだが，その際，この規定によって不正に国籍を取得するために虚偽の認知がなされることが危惧され，その対応策を講じることが衆議院・参議院の各法務委員会の付帯決議で求められていた。今回の改正では，一定の期間経過後は不実認知でもその有効性が民法上確定することになるため，同様の趣旨から，民法上の無効制限にかかわらず，国籍法上は不実認知として届出による国籍取得を阻むことができるようにしたのである（部会資料25-2・28頁。一問一答・123頁（注）も参照。無効主張期間に制限を設けて子の身分安定を図るという目的と，認知による国籍取得に関し国籍不正取得を防止する目的とを両立させる具体的方法については，1(2)を参照）。

　なお，改正国籍法3条3項の新設により，不実認知の効力について，民法と国籍法とで乖離する状況が生まれた。認知の遡及効についてはすでに類似の状況があり，また認知概念を法分野に応じて相対化することはありうる。その意味では，このような乖離自体は不当といえないが，この点については，公的利害の代表者を無効主張権者に加えるといった方策もありえたかもしれない（奥田安弘『家族と国籍』（有斐閣，1996年）54頁参照。なお，改正前の786条の利害関係人に国・地方公共団体が含まれるという解釈はとられていなかった。部会資料19・47頁。また，ドイツでは検察官を主張権者に加える改正がなされたが（2008年改正による1600条1項5号），憲法裁判所による違憲判断を受けて削除され，現在は不実認知を予防する方策を講じる規定（父子関係の濫用的認知の禁止。1597a条）が新設されている。同規定については，法務資料468号「ドイツ民法典第4編」を参照）。

(2) 国籍取得手続で不実認知が判明した場合の対応

　国籍実務では，国籍取得の届出の受理の際に，法務局が調査を行い，虚偽の認知であることが明らかとなった場合には，認知が無効であることを理由に，子の国籍取得届を不受理としてきたが，これは改正後も維持される（部会資料20・47〜48頁。市区町村長から認知者に対し認知事項の記載が法律上許されないことを通知できない場合，または通知しても戸籍訂正申請する者がない場合には，裁判手続を経ず，法務局長の許可を得て，市町村長が戸籍の認知事項を消除する，という従前の取扱いを変更するのは，虚偽認知による国籍の不正取得を防止するとの要請に照らし，相当でない，とする。一問一答・125頁も参照）。

　なお，民法上の不実認知無効の出訴期間経過後に，国籍取得の届出がなされて受理され，その後，刑事事件等を契機に不実認知が判明した場合，新規律に従い，国籍取得は遡って無効となるが（前記国籍取得の届出受理により作製された子の戸籍は消除される。無戸籍対応につき，一問一答・126頁も参照），認知者の戸籍の身分事項欄の認知の記載は消除されない（民法上，認知は有効が確定していることによる。部会第25回議事録・20〜21頁も参照）。

〔小池　泰〕

第4章　実親子法の改正（2022年）

IV　子が自ら主張をする際の出訴期間の特則

改正のポイント

□改正法は，子自身の嫡出否認権を創設し，また，子の不実認知の無効主張権を改正前と同様に維持するものであるが，他方，各々の権利の行使期間については厳しい制限が置かれており，子自身の権利行使が困難となる場面が生じた。そこで，子自身が権限を行使する機会を保障するため，行使期間の制限に対する特則が設けられた。

1　序　説

(1) 概　要

　改正法は，嫡出否認・認知無効の訴えについて行使期間を制限する規律を設けているが，子については，自ら主張する機会を保障するために特則を設けた。すなわち，子は，嫡出推定・任意認知による父と継続して同居した期間が3年に満たない場合には，期間制限にかかわらず，21歳に達するまで，嫡出否認・不実認知無効（以下，認知無効は，反対事実すなわち血縁関係のないことを理由とする認知無効を指すものとする）の訴えを提起することができる（改正778条の2第2項・3項・786条2項・3項）。

　ここで想定されているのは，社会的実態のない父子関係は，本来，原則で定められた制限期間（改正777条及び778条・786条1項）内に嫡出否認・認知無効の訴えによって否定されるべきだが，こ

れが看過されている場合である。特則は、このような場合に、子が自らの判断によって形骸化した法的父子関係から離脱できるようにしている。

(2) 意 義

　この規律は、子の嫡出否認・認知無効の主張に係る出訴期間に対する特則である（部会資料23・6頁（注））。その意義は、子自身が嫡出否認・認知無効を主張する機会を保障・拡張する点にある。

　(i) **嫡出否認の場合——本人による行使機会の確保**　改正法は子の嫡出否認権を新設した。もっとも、その出訴期間を出生時から3年に制限したため、子自身が行使することは実際には不可能である。特則は、子に付与した権利を子自身が行使する機会を保障したものである（部会資料23・10頁）。

　(ii) **認知無効の場合——本人による行使機会の制限の緩和**　他方、認知無効の場合、改正前も、子は無効主張権を有し、これに期間の制限はなかった（改正前786条）。改正法は身分の安定の観点から主張権者を限定列挙してその権限に行使期間を設け、子は認知の事実を知った時から7年以内に提訴しなければならないものとした（改正786条1項）。嫡出否認の場合と異なり、この原則の下でも、子自身が認知無効の訴えを提起することができる場合はある（15歳の時に認知された子が認知の事実を認識して提訴する場合等）。この点で、特則は本人による無効主張の機会を拡大する意味を持つに過ぎない。もっとも、主張期間の制限を設けていなかった改正前の法状況を考慮すると、特則は原則による制限を緩和する意義を持つ。

第4章　実親子法の改正（2022年）

	原則	特則：〜21歳まで	改正前
嫡出否認	本人行使事実上不可能（777条2号）。	本人行使可能（778条の2第2項）	本人権限なし
認知無効	本人行使可能な場合あり（786条1項）	同上（786条2項）	権限あり・期間制限なし

(3)　特則の必要性——特則で保護すべき子の利益

(i)　嫡出否認の場合

　(a)　嫡出推定・否認制度という子の保護の枠組み　改正法が新設した子の嫡出否認権は，親権を有する母・養親，未成年後見人によって行使されることを予定している（改正774条2項）。権利主体としながら，子本人にその行使機会がないことは必ずしも奇異ではなく，民法上，帰属主体と行使主体が別になっている権利は知られている（部会資料20・36頁）。

　さらに，子自身による行使を予定しないことは，嫡出推定・否認制度の趣旨からも導くことができる。改正前，嫡出否認権は夫のみが有するとされていた。改正法が嫡出否認権者の範囲を子及び子の母に拡張したのは，無戸籍問題に対応するためである（諮問・部会資料25-2・11頁）。ただ，嫡出推定・否認制度は，血縁に一致した父子関係だけを目指すものではなく，子を養育する父を早期に確定してその安定を図り，もって子の利益を保護するという趣旨をも有する。この趣旨からすると，嫡出否認権は，原則として子が生まれた間もない時期に行使されることが要請される（部会資料25-2・12頁。改正前は夫が子の出生を知った時から1年であった。改正前777条参照）。そのため，たとえば子の成人後など，出生から長期間が経過した後に嫡出否認権が行使される事態は，

子の利益を守る本来の制度趣旨にむしろ抵触するといえる。

　他方，社会的実態を伴わない父子関係が嫡出否認の原則の出訴期間内に否定されないまま残る場合もある。この場合は，形骸化した法的父子関係を否定することに子の利益が認められる。事実，無戸籍者中，戸籍作製のないまま成年またはそれに近い年齢に到達した者については，父の子とせずに戸籍記載を可能とする必要性があるとの指摘もある（部会資料23・10頁）。さらに，その上で真実の父との父子関係を形成することも，子の利益といえる（同23・8頁）。以上から，子が自ら嫡出否認権を行使する機会を付与するための特則が必要であるとされた。

　もっとも，ここで把握された子の利益は，あくまでの嫡出推定・否認制度の趣旨の枠内に収まるものである。自己の出自を知る権利が，子自身の嫡出否認権及び特則のいずれにおいても，主な根拠として挙げられていないのは，この点を示すものといえる（たとえば，中間試案の補足説明・65頁を参照）。

　(b)　身分の安定要請の父子の利益への還元　　子が自らの判断に基づいて嫡出否認権を行使する事態は，嫡出推定・否認の制度趣旨である父子関係の早期確定・安定化を損ねかねない。事実，審議過程の当初から特則に対する不要論も強かった。しかし，この点は，身分の安定の要請を，それによって保護される当事者の利益に還元して対処することとなった。すなわち，当事者の一方である子からは，前記のように安定要請に優る利益が認められる場合がある。そして，他方当事者である父の利益からも安定要請に優る利益があるといえれば，嫡出推定・否認の制度趣旨からも特則は正当化されることになる。そして，父の利益としては，とりわけ，父が長期間にわたり子を養育したにもかかわらず，子の一方的な意思で法的父子関係を否定された場合，将来子から受け

第 4 章　実親子法の改正（2022 年）

うる扶養利益や相続に関する利益が害され，さらに精神的苦痛も生じうる点が問題となる（部会資料 20・35-40 頁，同 23・10-11 頁）。

　以上から，特則についての争点は，その要否自体ではなく，子と父の利益を適切に調整しうる要件を設定することができるか，という点に移行することになった。

　なお，特則の波及効についても検討されている。たとえば，将来一方的に否定されるおそれがあることは，血縁の不存在を知った父から子を養育する意思を失わせる方向に働き，適切な養育を受けられない子が増えるのではないか，また，出生に際し逐一血縁の有無を確認することを促し，子が幼少のうちに嫡出否認がなされる事態が増加するのではないか，といった点である。しかし，特則が働くのは，血縁の不存在だけではなく，社会的実態も存在しない場合に限定される以上，これらのおそれに対する十分な配慮があるとされている（部会資料 23・10-11 頁）。このほか，子が父子関係を否定するか否かについての選択権を長期間持ち続けることが子自身の負担となったり，子自身の成育に悪影響を及ぼしたりするおそれがあるとの指摘もあった。この点は実証されておらず検討は困難であるが，改正前民法上の推定の及ばない子に関しては指摘されていないことから，適切な要件化によって影響の最小限化を図るべきものとされた（部会資料 23・11 頁。部会資料 25-2・16 頁では改めてこの点を指摘し，今後，嫡出承認の規律を子の身分の安定化を図る方向で再検討するのが相当であるとしている）。

　(c)　社会的親子関係の有無による父子の利益の調整　　父子の利益調整は，社会的親子関係の形成の有無でなされる。すなわち，嫡出推定・任意認知によって成立した法的父子関係が，社会的親子としての内実を伴ったものであれば特則は妥当せず，内実を伴っていない場合に限り，特則による否定の余地が認められる

(具体的な要件は**2**参照)。

社会的親子関係の有無によって要件を設定する点については，日本法上この概念は未確立のため，裁判における安定的な判断ができるか，疑問も呈されていた（部会資料 21-3・1-5 頁）。この点は，当初，「裁判所が，同居の有無・期間，面会交流や監護費用の分担を含む監護・教育の有無・程度，氏・戸籍記載その他一切の事情を考慮し父子関係の否定を相当と認める場合」といった一般条項的な要件が構想されていた点にも表れていた（部会資料 11・1 頁（注 2））。その後，子の利益のために必要があると認められる場合を限定的に掲げる案（部会資料 19・34 頁）を経て，これとは逆に父子関係の維持に係る父の利益に着目し，子からの否認によって父の正当な利益が害されない場合に限り認める方向性が採用された。そして，最終的には，社会的実態の有無に関する客観的な手掛かりとして，父子の同居という事実に着眼して客観的要件を設定することとなった（部会資料 22-3・3 頁。なお，部会資料 21-3・1 頁では，要件設定の困難を理由に特則の見送りが提案されていた）。

なお，社会的親子関係の存在時期については，提訴の時点とする考え方もありえたが，すでに社会的内実が形成されていれば父の利益は存在するとして，一定の時期に存在していればよいとされている（部会資料 21-3・2-3 頁）。よって，幼い時期に父が子を養育していたが，その後は疎遠となり養育に関与しない状況であっても，保護すべき社会的親子関係は存在しうるから，特則は妥当しないことになる。

(ⅱ) **認知無効の場合**　法的父子関係は，その成立が嫡出推定・任意認知のいずれによるものであれ，それが血縁関係と社会的実態の双方を欠くなら，子の利益に鑑み否定すべき場合がある点は同じである（部会資料 22-3・7 頁）。したがって，嫡出否認の

場合と同様，認知無効についても，本人自身による提訴を可能とする特則を設ける必要がある（すでに述べたように，原則の下で子自身が認知無効の訴えを提起できる場合もあるが，胎児認知や幼少時に認知がされた場合には，事実上不可能なこともありうる）。

特則を設けるとして，その要件は嫡出否認と基本的に同じでよい。確かに，認知は父による一方的な行為であり，また，父子関係が成立しても父母の関係は多様であって，父子の同居も当然には想定できないから，認知は直ちに社会的父子関係の形成につながるわけではない（親権も父母いずれかの単独親権である。819条4項参照。令和6年の改正により，共同親権の可能性が認められている）。しかし，血縁と社会的実態を欠く場合に否定する機会を与える必要性という点で，嫡出否認の場合と本質的な差はなく，社会的親子関係の形成の有無に着眼するという要件は基本的に同じとみてよい。また，子が血縁を欠くことを認識して認知無効の訴えを提起するか否か判断するのに要する期間（21歳まで）も，同様とみてよい（部会資料23・22-23頁）。

2 特則の内容

特則の内容は嫡出否認・認知無効でほぼ同じであるので，以下ではまとめて説明し，違いについては個別に触れる。

(1) 特則の妥当期間

（i）**21歳に達するまでの間** 特則（改正778条の2第2項・786条2項）は，条文の文言にあるように，出訴期間の制限に対する特則である（出訴期間の制限を定める777条2号及び778条2号・786条1項1号の規定にかかわらず，としている）。

嫡出否認・認知無効は人事訴訟であり，子は意思能力を備えれば，自ら提訴等の訴訟行為をすることができる（民法 5 条 1 項と 2 項の適用をしないとする人事訴訟法 13 条 1 項参照）。したがって，特則によれば，子は，意思能力を備える 15 歳程度から 21 歳になるまでの間は，提訴できる（成年年齢に達するまで形骸化した父子関係を否定できないのは相当でない。部会資料 20・39 頁。一問一答・67 頁も参照）。行使期間の終期を 21 歳到達時としたのは，自ら判断できる年齢から十分な期間を与える一方，身分の安定性の観点をも考慮したことによる（部会資料 20・39 頁。なお，中間試案まで成年年齢到達時以後としていたのは，母の不当な影響を回避するためでもあった。部会資料 19・38 頁参照）。以上の点について，嫡出否認と認知無効とで差異を設ける必要はない（部会資料 23・22-23 頁）。

　(ii) **訴えがすでに棄却されている場合**　原則の制限期間内に嫡出否認・認知無効の訴えが提起され，これを棄却する判決が確定している場合，子は当該判決に拘束される。よって，先行する訴訟が子以外の者によって提起されたものであっても，子が改めて特則に従ってこれらの訴えを提起することはできない。人事訴訟においては，職権探知主義の下で適切な事実認定を期待でき，棄却という実体判断がなされた以上，生物学的父子関係との不一致はないと考えてよいからである（中間試案の補足説明・70 頁）。

　もっとも，先行する確定裁判がなれ合い訴訟の結果であった場合には問題が残る（部会資料 11・7 頁参照。そこでは，この点について，母等による適切な訴訟追行が期待できる，としている）。

(2) **継続して同居した期間が 3 年未満**

　(i) **内容・趣旨**　特則の要件は，継続して同居した期間が 3 年未満である。同居期間が二つ以上ある場合は，合算せず，最も

長いものについて要件該当性を判断する（合算して3年以上となる場合は，阻却要件で考慮される）。

本要件は，嫡出否認の場合は出生後から，認知無効の場合は認知後から提訴に至るまでの間の父子の同居の事実に着目した上で，3年以上の継続的な同居の事実がない場合を，社会的親子関係が形成されていないことを窺わせる事情と評価したものである（部会資料21-3・2頁）。反対に，父子が同居しているときは，通常，父が子の扶養等を行っていると考えられる。以上から，同居が3年に満たないことを，法的父子関係が社会実態としては形骸化していることを示す客観的な事情として，最低限必要としたのである（部会資料25-2・16頁（嫡出否認の場合について））。一定期間の継続的同居を社会的親子関係形成の徴表と位置づける場合には，かりにそれが存在しても，社会的親子であることを阻害するような個別事情があるときは（たとえば継続的に虐待を受けていた事実），本要件の充足が認められるか，という問題が生じる（なお，後述の阻却要件とは方向は逆に，個別事情によって社会的親子の不存在を認定できるか，ということである。また，772条に係る「推定の及ばない子」と類似する解釈論ともいえる）。しかし，該当性判断の客観性・明確性を確保するという本要件の趣旨からすると，この問題は否定的に解されると思われる。

同居の事実は，住民票の異動や過去の写真等の客観的資料でその有無を認定できる。この点で，同居の事実への着眼は，嫡出推定・任意認知に基づいて成立した父子関係が社会的実体を伴うものか否かに関する主張・立証及び判断の対象を客観的かつ明確なものとしている（部会資料22-3・3-6頁，同21-3・1-5頁）。

社会的親子関係の有無について，より直接に監護・教育や扶養等の養育の実態に着眼すべきではないか，という点も問題となっ

た。しかし，社会的親子という概念が日本では未発達な状況にあり，新たな嫡出否認権を設ける点で制限的な要件となるのはやむをえない，養育をした実態のある期間の認定が適切にできるか疑問である，等の理由から採用されなかった（部会資料22-3・3-6頁）。もっとも，扶養料の支払い等の同居を伴わない形での養育の実態は，阻却要件で考慮の対象となる。

　(ⅱ) **父としての同居**　　同居は父としてしたものに限られる。よって，認知の場合は認知後の同居のみが考慮の対象となる。この点は議論があったため（部会資料23・23頁），条文で明確にされている（改正786条2項「認知後に……同居」。部会資料25-2・36頁）。よって，認知は子の出生時に遡って効力を生じる（784条本文）が，認知の届出前の同居は考慮されない。遺言認知で遺言者の死亡前に相当期間の同居があっても同様となる。

　このほか，以下の点も検討対象とされている（部会資料23・7-8頁）。

　①父子の同居中に父母が離婚した場合　　この場合，同居義務は消滅し，父は当然には子と同居することにはならない。ただ，同居には，父が親権者であることを要せず，事実として父子の同居があれば足りる。よって，ⅰ）離婚時の取決めにおいて，父が親権者または監護者となって子と同居する場合は継続同居期間に含まれる，ⅱ）離婚時の取決めにおいて，子が母と同居し，父とは同居しないとした場合，同居は終了するが，この場合でも父が養育費の支払いや面会交流等の状況により社会的実態ある父子関係が継続しているなら，阻却要件（改正786条2項ただし書）に該当しうる，ⅲ）離婚時の取決めにおいて，子が父母各々の居所に一定期間ずつ交替で同居するといった場合は，具体的事情次第で同居継続とする評価も可能であり，そう評価できない場合も父に

第 4 章　実親子法の改正（2022 年）

よる養育等の状況次第で阻却要件該当の可能性がある。

　②父子同居中に父が死亡した場合　　父の死亡以降は事実として子との同居はなく，死亡時までの継続同居期間で判断される。

　③子が父と現に同居している場合　　この場合に，継続同居期間が 3 年未満となるのは，それまでは父子の同居がなかった事案であるから，親子としての社会的実態があるとはいえず，ある時期から同居を再開していた場合であっても，それが 3 年を下回るなら要件を充足する（なお，現に父子が同居しているという事情は，阻却要件で考慮されうる）。

　④子の意思で父との同居を解消したためにその期間が 3 年に満たない場合　　子の意思で父との同居がなくなった場合や，子が進学等で父と別居せざるを得なくなった場合であっても，継続同居期間が 3 年を下回るなら要件を充足する（もっとも，同居がなくなった後も，父が同居再開を希望していた場合や子の養育を継続していた場合，そのような事情は阻却要件の判断で考慮され得る。特に，子が一方的に同居をやめ，養育を拒否する場合は，阻却要件に該当すると評価しうる）。

(3)　阻却要件（改正 778 条の 2 第 2 項ただし書・786 条 2 項ただし書）

　(i)　**設定の趣旨**　　本文の要件を充たす場合は，原則として社会的親子関係が形成されておらず，法的父子関係を否定しても父の利益を害することはない。しかし，父として一定期間子を養育した場合等は，それでも父の人格的利益が著しく害されることがある。そこで，例外的に，特則による父子関係の否定を認めないこととした。これは，本文の行使要件と合わせて，社会的親子関係の形成の有無を判断するものである。

(ii) **父による養育状況に照らし父の利益を著しく害する**　阻止要件の充足には，3年以上の継続同居と同程度に社会的な親子関係が形成されていることが必要である。たとえば，父が3年以上継続的に養育料を支払っていた場合や，3年に満たない期間を断続的に同居して合計3年以上になる場合などが該当しうる（部会資料25-2・16頁。一問一答・165頁・110頁も参照）。なお，養育料に関しては，その額の多寡自体は本要件の該当性判断にとって重要ではない。ここでは，経済的利益の大きさに着目しているのではなく，父子実態形成の有無が問題だからである（部会資料23・13頁）。

また，嫡出否認の場合は，子の出生時からの事情が考慮される。出生直後の一定期間父として子を養育して3年以上の同居と同程度の社会親子関係を形成したといえるときは，その後疎遠になっていたとしも，本要件に該当する（部会資料23・9頁）。これに対して，任意認知の場合，認知前は父として子に相対していたといえない。行使要件と同様，この点は議論があったが（部会資料23・23～24頁），認知者による内実を伴った父子当事者としての養育であることが必要であり，基本的には認知後の同居・養育をいい，認知前のそれは考慮しないものとされている（部会資料25-2・16頁）。

(4) **本人行使のための特則であることの帰結**

（i）**法定代理人等による行使の不可（改正778条の2第3項・786条3項）**　特則は，子が嫡出否認・認知無効について自ら判断する機会を付与するものである。この性質からは，子自身の意思が尊重されなければならない。そこで，親権を有する母・未成年後見人が，特則により子に代わって嫡出否認・認知無効の訴

第4章　実親子法の改正（2022年）

えを提起することは認められない（部会資料 22-3・6-8 頁。一問一答・68 頁も参照）。なお，親権を有する母は，子自身が提訴する場合でも，子のために訴訟委任契約を締結することができる。これにより，母の意思が影響するおそれもある。もっとも，その場合でも受任した訴訟代理人は子の代理人として訴訟を追行する義務を負い，必要があれば弁護士を訴訟代理人に選任することも可能である（人事訴訟法 13 条 2 項）。以上から，母の恣意によって子の嫡出否認権が事実上行使されるおそれは大きくないとされている（部会資料 23・11-12 頁）。

　(ii)　**子が死亡した場合**　　特則によって提訴するかは，子が，その父との社会親子の実態の存否等の事情を踏まえて自ら判断すべきである。この観点から，子が死亡した場合にその相続人等に承継・受継を認める必要性・相当性はいずれもないとされた（部会資料 23・16 頁（嫡出否認），同 25-2・27 頁（認知無効）。提訴後の場合も訴訟は終了する。人訴 27 条 1 項）。なお，特則が問題となる場合，子に直系卑属があることも想定できるが，子が 21 歳までの間であればその直系卑属は年少者と想定され，この者に受継の選択機会を与える実益は乏しいとされている。

効果：嫡出否認・認知無効の遡及効に伴う手当

(1)　嫡出否認・認知無効の遡及効から生じる問題

　嫡出否認・認知無効の訴えが認められれば，否定の対象となった父子関係は子の出生時に遡って存在しなかったことになる。これは特則の場合に限らない（なお，特則の場合について，後述の立替扶養に係る求償の問題が生じるのを回避するため，遡及効を制限する可

能性も議論された。部会資料21-3・1-5頁)。

　父子関係の遡及的消滅により，様々な法的問題が生じる。改正法は，元父が子に対して監護費用の償還請求をすることができない，とする規律のみを新設し，それ以外の問題の対応は解釈に委ねている。本項では，子になした扶養についての調整問題について説明する。

　なお，その他の問題については，以下のような指摘があった（部会資料9・28-29頁，部会資料10-1・14-15頁）。①元父が子を代理してした法律行為の効果については，無権代理となって追認がない限り効果は不帰属となる。しかし，法律行為の時点では父子関係そして親権はあったのであり，事後的に否定されることで無権代理となるのでは取引安全・第三者保護の観点から望ましくなく，遡及効によって第三者の権利を害することはできないとすべきではないか。②不法行為法上，子による第三者への加害行為について，親が子の監督義務者として損害賠償責任を負う場合があり（714条1項・709条），また，法律上の父であった者が不法行為の被害者となり，子が固有の慰謝料（711条）の支払いを受けている場合があるが，それぞれ，父子関係が否定された場合はどうなるか（後者の場合につき，固有慰謝料を認めた趣旨等踏まえて子がその利益保持が相当かを検討すべき，としている）。③相続法については，子が父子関係を介して取得した相続資格に基づいて相続利益を得た後に，父子関係が否定される場合はどうなるか。

(2) 監護費用の償還に係る規律の新設（改正778条の3・786条4項）

　(i) **内　容**　　嫡出否認・認知無効の遡及効により，父子という身分関係に基づく扶養義務・監護費用分担義務は，出生時に遡

って消失する。同時に，この義務に基づいてなされた扶養・監護に係る費用の支出は法律上の原因を失うから，元父は，不当利得に基づき，子に対してその費用の償還を求めることができるはずである（部会資料23・13頁。費用に該当するものについては，一問一答・90頁を参照。子の日常生活や，子の成長に要する教育費などが該当する）。しかし，改正法は，この請求を認めないとする規律を置いた。

　(ii) **根　拠**　　本規律を置いた理由は以下の通りである。まず，嫡出否認の場合について，否認権者の拡大と期間の伸長により，元父が子を扶養していたにもかかわらず，その意思に反して父子関係が否定される場面が多くなると予想される。しかし，ここで子に対する不当利得返還請求を認めると，子の権利行使を抑止するおそれがある（部会資料24-2・11頁。この点は当初から懸念されていた。部会資料4・8-9頁参照）。以上は認知無効の場合も同様である（部会資料23・24頁）。

　この点については，子には現存利益がない，という解釈論によって不当利得返還請求を否定する結論を導くことも考えられる（この他，嫡出推定制度の趣旨から償還請求の否定を導く考えも示された。部会資料23・13頁）。しかし，解釈論による対応では十分でないとされて，この点を明確にする規律を置いたのである（なお，この規律には，特則の阻却要件の該当性判断において，扶養料の額の多寡は重要な要素とならないことを示す意味もある。部会資料23・13頁参照）。

　(iii) **本規律の類推可能性**　　血縁関係がないこと以外の事由による認知無効や認知取消しの場合については，本規律は「認知無効一般について定めた規定を設けるものではないことからすると，あえて明文の規律を設けるまでの必要はない」とされている（部会資料23・25頁）。しかし，親子関係不存在の確認の訴えの場合

を含め，出生時に遡及して親子関係が否定された場合において，子を保護する必要性に変わりはなく，類推適用を認める可能性はあろう（一問一答・89頁（注3）参照）。

⑶ **本来の扶養義務者への請求について**

(ⅰ) **明文化の是非**　改正法は，元父の子に対する監護費用の償還請求を政策的理由から否定した。その際，この規律の正当化根拠としては，直接に利益を得た扶養権利者（子）ではなく，本来の扶養義務者に償還を求めればよい，という点も挙げられていた（部会資料 23・14 頁（嫡出否認）・25 頁（認知無効））。実際にも，子に対する請求を否定する条文には，元父が「民法第 878 条の規定により扶養の義務を履行すべき者に対し，求償することを妨げるものではない」というただし書を付す案が検討されていた（部会資料 23・2-3 頁（嫡出否認）・18 頁（認知無効））。しかし，この案は実現しなかった。これは，本来の扶養義務者に対する請求については改正前民法上もこれが認められるか否か，認められるとしてどの範囲で認められるのかについて定まった見解がないことから，特段の規律は置かず，引き続き解釈に委ねることが相当であるとされたことによる（部会資料 24-2・11 頁。一問一答・92 頁も参照）。

(ⅱ) **今後の課題**　本来の扶養義務者に対する償還請求の問題は，立替扶養料の求償の問題に属し，教科書でも取り上げられる扶養法の重要論点である。

他方，審議の過程では，子と同様に，母に対する償還請求も否定すべきであるという意見があり（経済的困窮の回避等の理由で母が嫡出否認・認知無効の提訴を躊躇すること等を理由とする。部会資料 4・8 頁，部会資料 24-2・11 頁），また，嫡出否認・認知無効が認め

られた後になされるべき認知を阻害するおそれがあることも否定できない。しかし，立替扶養の求償は，本来の扶養義務者がその負担を不当に免れるのを回避するための議論であり，それ自体は肯定されていたものである。本部会においても，本来の扶養義務者への求償が可能であることを前提に，①元父が子を養育したことで，母・父となるべき者が扶養義務を免れたといえるか，②利得は母や新たに子の父となった者が扶養すべき範囲に限られ，その形成は協議・審判でなされるところ，元父は母や新たに子の父となった者が負う扶養の内容について父母の協議・家庭裁判所の審判によることなく，訴訟手続によって不当利得返還請求をすることができるか，③いつの時点からの扶養料の請求ができるか，といった論点が検討されている（部会資料23・14-15頁）。加えて，本部会に先行する法制審議会・民法（相続関係）部会でも，「扶養義務を負わない親族が被相続人を扶養した場合には，その親族は，扶養義務者に対し，事務管理又は不当利得を原因として，立替扶養料の請求をすることができる」とされていたところである（同部会の部会資料7・13-14頁）。

　確かに，嫡出否認・認知無効，さらには親子関係不存在の確認といった訴えに関連してこの点が問題となった裁判例はほとんどなく，学説の議論も多くはない。しかし，子に対する償還請求について明文の規律を置いたのは，今後この問題が顕在化するとの予想に基づいている。この点からすれば，元父から母や新たな父に対して立替扶養の求償をする紛争事例が表面化することに備え，この論点に対する検討を深めておく必要があろう。

〔小池　泰〕

V　生殖補助医療に関する特則

改正のポイント

□第三者の提供精子を用いた生殖補助医療により生まれた子について，嫡出推定に基づきその出生時には夫の子と推定されることを前提に，夫のほか，新たに否認権が付与された母，子は嫡出否認をすることができないとされた。

1　制度・問題の概観

　第三者から提供された精子を用いた生殖補助医療によって懐胎・出生した子については，その母の夫との間に，生物学上の親子関係は存在しない。このような場合に，当該子の法的父子関係はどのように定められるべきか，が問題となる。

2　改正の議論と立法の内容

(1)　改正前の問題状況

　生殖補助医療により出生した子の親子法制については，法制審議会生殖補助医療関連親子法制部会（平成 13 年 2 月設置）が，平成 15 年 7 月「精子・卵子・胚の提供等による生殖補助医療により出生した子の親子関係に関する民法の特例に関する要綱中間試案」（以下，「生殖補助医療関連親子法制部会要綱試案」という）を取り

まとめた。しかし，厚生労働省に設置された厚生科学審議会生殖補助医療部会にて取り組まれていた行為規制に関する立法作業が中断したことに伴い，生殖補助医療関連親子法制部会における審議も同年9月以降中断されていた。これら立法化にかかる審議が中断している中でも，生殖補助医療の利用実態として，妻が夫以外の第三者が提供した精子を用いて懐胎・出産した子により生まれた子は相当数に上る一方で，生殖補助医療により生まれた子の親子関係について明確な規律がなく，子の身分関係が不安定になっている点が問題視されていた（部会資料7・1頁参照）。また，最高裁判所において生殖補助医療を用いた場合における子の法的地位に関する判断が示され（最判平成18年9月4日民集60巻7号2563頁，最決平成19年3月23日民集61巻2号619頁），生殖補助医療を用いた場合の親子法制・行為規制にかかる立法の必要性がより一層認識されるようになった。こうした状況を踏まえ，法制審議会民法（親子法制）部会では，嫡出推定・否認制度の見直しに伴い，第三者の提供精子を用いた生殖補助医療により懐胎した子の親子関係の規律等に関する検討がされることとなった。

　他方で，この間，超党派の国会議員連盟においても，法案提出に向けて，生殖補助医療に関する法整備に関する検討が進められており，令和2年12月に，議員立法の形で，「生殖補助医療の提供等及びこれにより出生した子の親子関係に関する民法の特例に関する法律」（令和2年法律第76号）が成立した（同月4日成立，11日公布。以下，「生殖補助医療法」という）。同法は，「第1章　総則」に同法の趣旨及び生殖補助医療の定義（生殖補助医療法1条，2条）を定め，「第2章　生殖補助医療の提供等」（同法3条〜8条）に関する規律を置く。それに続いて，「第3章　生殖補助医療により出生した子の親子関係に関する民法の特例」において，他人の卵

子を用いた生殖補助医療により出生した子の母に関する規律（同法9条）及び他人の精子を用いる生殖補助医療に同意した夫による嫡出の否認の禁止（改正前同法10条）が定められた。

その結果，法制審議会民法（親子法制）部会では，改正前生殖補助医療法10条の規定を前提に，第三者提供精子を用いた生殖補助医療により懐胎した子の法的父子関係に関する検討が進められることとなった。

(2) 改正前生殖補助医療法10条の内容

(i) **夫の否認権制限**　第三者提供精子を用いた生殖補助医療により懐胎した子の法的父子関係については，学説のほか，法制審議会生殖補助医療関連親子法制部会がとりまとめた「生殖補助医療関連親子法制部会要綱中間試案」第2においても，当該生殖補助医療に同意した夫を父とすべきとの考えが支持されていた。最高裁判所も，嫡出推定（772条）が適用されることを前提とする判断を示した（最決平成25年12月10日民集67巻9号1847頁）。

改正前生殖補助医療法10条は，これら見解の実質的内容を踏襲する形で，第三者が提供した精子を用いた生殖補助医療により出生した子の法的父子関係において，民法改正前に唯一の否認権者であった夫（改正前774条）が当該生殖補助医療に同意していた場合には，当該夫が嫡出否認をすることを禁止する旨を定めた（「妻が，夫の同意を得て，夫以外の男性の精子（その精子に由来する胚を含む。）を用いた生殖補助医療により懐胎した子については，夫は，民法第774条の規定にかかわらず，その子が嫡出であることを否認することができない」）。

(ii) **夫の否認権制限の趣旨**　第三者提供精子を用いた生殖補助医療により懐胎した子の法的地位について，当該生殖補助医療

に同意した夫を父とする理由づけとして，いくつかの考え方が示されていた。

たとえば，「生殖補助医療関連親子法制部会要綱中間試案」の補足説明では，精子提供型の生殖補助医療は，当該医療を受ける夫婦がその間の子を設けることを希望するものであり，これによる妻の懐胎に同意した夫は出生した子を自ら引き受ける意思を有しているとの理由が挙げられていた（法務省民事局参事官室「精子・卵子・胚の提供等による生殖補助医療により出生した子の親子関係に関する民法の特例に関する要綱中間試案の補足説明」10頁）。学説では，夫の同意は嫡出性の承認にあたる（776条類推）との解釈のほか，否認権の行使は信義則・権利濫用として許されないとする考え方も示されていた（二宮周平編『新注釈民法(17)』（有斐閣，2017年）540頁〔野沢紀雅〕等参照）。

生殖補助医療法10条の制定にあたっては，夫の否認権を制限する理由づけとして，次のような説明がされていた（小川貴裕「生殖補助医療の提供等及びこれにより出生した子の親子関係に関する民法の特例に関する法律（生殖補助医療により出生した子の親子関係に関する民法の特例部分）の概要」家判32号（2021年）96頁参照）。一つは，夫が嫡出否認の訴えを提起する（父子関係の不存在を主張する）ことは，信義則・権利の濫用にあたるとの理解である（第203回国会衆議院法務委員会議事録第3号5頁〔小出邦夫政府参考人（法務省民事局長）発言〕）。もう一つは，妻の懐胎に同意した夫は出生した子を自らの子として引き受けるという意思を有しており，このような意思を有する夫が父としての親の責任を負うとするのが相当であるとの理解である（同6頁〔古川俊治参議院議員発言〕）。

(iii) **法的構成**　生殖補助医療に同意した夫を法律上の父とするにあたり，その法的構成としては，(α)同意した夫は，子が嫡

出であることを否認することができないとする構成（手続的構成）と，(β)同意した夫をその子の父とする構成（実体的構成）の二つが考えられる。

　「生殖補助医療関連親子法制部会要綱中間試案」の補足説明では，(α)手続的構成が大勢を占めていた（法務省民事局参事官室・前掲10頁以下）。生殖補助医療法10条も，(α)手続的構成を採用しており，夫の同意を得た第三者提供精子を用いた生殖補助医療により生まれた子について，嫡出推定に基づきその出生時には夫の子と推定されることを前提に，否認権行使を禁止するとの規定が設けられている。

　この(α)手続的構成を支持する根拠については，次のように説明される（法務省民事局参事官室・前掲11頁，商事法務研究会「嫡出推定制度を中心とした親子法制の在り方に関する研究会報告書」15頁参照）。第一は，民法の嫡出推定制度との整合性である。嫡出推定については，婚姻関係の存在と子の出生時期が基準とされているため（改正前772条2項），その子の懐胎が提供精子を用いた生殖補助医療によるか否かを考慮する余地はない。第二は，子の法的地位の早期安定である。出生した子が提供精子により懐胎されたか否かは子の出生時等には明らかではないところ，当該事実が子の嫡出推定の成否にかかわるとしてしまうと，当該事実の調査のために子の法的地位が早期に安定しないおそれがある。そこには，父子関係の成立・否定の場面で，提供精子を用いた生殖補助医療により生まれた子について，自然懐胎の場合と異なる取扱いをすることは，当該子に対する不利益な取扱いとなり，相当でないとの考慮がある。

(3) 改正の内容——夫以外の否認権者の否認権制限

(i) 否認権制限の趣旨・根拠　法制審議会民法（親子法制）部会では，第三者提供精子を用いた生殖医療により生まれた子の父子関係に関して，今般の改正において否認権の範囲を拡大することにした場合には，これにより否認権を認められることとなる者について，生殖補助医療法10条の規律に対応した否認権の制限に関する規律を設けるべきか否かが検討された（中間試案「第7　嫡出推定制度の見直しに伴うその他の検討事項　2第三者の提供精子により生まれた子の父子関係に関する検討」）。

その検討にあたっては，まず，否認権制限の目的は，「生まれた子の父子関係の法的安定を図る」ことにあるとされた（中間試案補足説明80頁以下等）。そのうえで，否認権を制限する必要性・相当性を基礎づける具体的根拠として，次の観点が示されている。

第一は，出生した子を自らの子として引き受ける「意思」に鑑み，当該意思を有する者に親としての責任を負わせるべきとして，その者の否認権制限の相当性が基礎づけられるとの理解である（以下，「根拠1」という）。夫については，妻が第三者の提供精子による生殖補助医療により子を懐胎することに同意していることから，出生した子を自らの子として引き受ける意思を有していると考えられるとして，父としての責任を負わせることが相当であるとされる（中間試案補足説明80頁以下，部会資料17・32頁）。

第二は，第三者の提供精子を用いた生殖補助医療により懐胎した子の身分関係の安定を確保すべきとの目的に鑑みて，否認権制限の行使の必要性・相当性が基礎づけられるとの理解である。さらに，子の身分関係の安定確保の必要性は，次の二つの具体的観点から説明されている。一つは，他人の精子提供を用いた生殖補

助医療に同意した夫を子の法律上の父として確定させることが、生まれた子の身分関係の安定に資するのであり、子の利益に合致するとされる（以下、「根拠2」（子の利益の観点）という）。これとは別に、第三者提供精子を用いた生殖補助医療によって出生した子について、その法的父子関係が否定されることにより生殖補助医療を行った意義が失われることは相当ではないとの考慮もある（以下、「根拠3」（生殖補助医療の意義の観点）という）。とりわけ根拠2・3は、法制審議会民法（親子法制）部会の審議過程において、夫以外の否認権者の否認権制限を基礎づける論拠として示されている。

　これら具体的根拠・観点は、両立するものであり、両者が相まって、否認権の制限を根拠づけるものと考えられる（部会資料17・32頁参照）。また、立案担当者によれば、特別養子縁組において離縁が極めて限定的な要件でのみ認められ、法的親子関係の安定が図られている点に鑑みても、第三者の提供精子を用いた生殖補助医療により生まれた子についても嫡出否認を制限することが相当であるとの説明もされている（部会資料21-2・18頁、同25-2・21頁）。

(ⅱ) **改正の内容**　　前記(ⅰ)「否認権制限の趣旨・根拠」を踏まえ、改正生殖補助医療法10条において、夫に加えて、母（妻）及び子の否認権も制限する旨の規律が設けられた。

　(a)　**母の否認権制限**　　改正生殖補助医療法では、新たに否認権者とされる母の否認権制限が定められた（改正生殖補助医療法10条）。

　その否認権制限の根拠としては、まず、母の意思（根拠1）が次のような意味を持つ。すなわち、母が夫の同意を得て夫以外の男性の精子を用いた生殖補助医療により子を懐胎・出産したときは、夫と子との間には生物学上の父子関係はないものの、婚姻している夫婦は生まれた子を夫の子として育てる意思を有していた

ことから，母の否認権を制限し，生まれた子の父子関係を安定させる必要性が高く，かつ，否認権を制限する許容性が認められる（部会資料16-3・13頁，同17・33頁，同25-2・20頁）。また，子の利益の観点（根拠2），及び第三者の提供精子を用いた生殖補助医療を行った意義の観点（根拠3）からも，子の身分関係の安定を確保する必要性が認められる（部会資料17・32頁以下，同25-2・20頁以下）。

(b) 子の否認権制限　　子の否認権制限については，夫や妻とは異なり，自らの意思で第三者の提供精子により子を懐胎し，夫の子として育てる意思（根拠1）を観念することはできない（部会資料16-3・14頁，同17・35頁）。そのため夫や母の否認権制限の相当性・必要性を基礎づける根拠として，子として育てる意思（根拠1）を重視する立場からは，子の否認権を制限すべきではないとの考え方が導かれうる。

これに対して，今回の改正においては，子自身による嫡出否認権の行使を制限するとの立場が採られた（改正生殖補助医療法10条）。これは，第三者提供精子を用いた生殖補助医療の意義（根拠3），及び子の利益（根拠2）への考慮から，子の父子関係の安定を確保する必要性が重視されたことによる（部会資料17・35頁）。

とくに未成年子については，子の利益について，否認権行使により子の身分関係の安定が害される可能性があることに加え，子の否認権によって父子関係が否定されるおそれがあるとなると，父母が第三者提供精子による生殖補助医療の利用を躊躇したり，生まれた子に対して適切な養育が行われず，子の利益が害されるおそれがあることも指摘されている（部会資料17・35頁）。加えて，未成年子による否認権行使は実際には母によって行使されることが多いと予想されるところ，母が子に代わって嫡出否認をするこ

とができるとすると，母の否認権を制限することの意義が没却されるとの実際的理由も考慮されている（部会資料 16-3・14 頁，同 17・35 頁，同 21-2・18 頁）。

一方で，成年子については，法制審議会民法（親子法制）部会の審議過程では，子の自主的判断を尊重するとの観点から，夫の同意がある場合も含めて，否認権の制限をすべきでないとの意見のほか（第 17 回議事録 28 頁〔髙橋良委員発言〕），生殖補助医療に関する行為規制の整備の状況等も踏まえた将来的な検討が必要であるとの指摘があった（第 20 回議事録 29 頁〔髙橋良委員発言〕）。しかし，法制審議会民法（親子法制）部会では，最終的に，成年子についても，未成年子と同様の趣旨から，その否認権の制限をすべきとの立場が採られた。これは，成年子についても，子の利益（根拠 2）及び生殖補助医療の意義の観点（根拠 3）から，子の父子関係の安定を確保するために，その否認権行使を制限する必要性が高いと考えられたことによる（部会資料 19・41 頁，同 25-2・21 頁）。また，成年子の場合には，子が成年に達するまで自らの子として養育してきた父にとって，子による否認権行使を認めることは過酷であるとの事情も考慮されうるとされた（部会資料 19・41 頁）。このほか，第三者の提供精子による生殖補助医療により生まれた場合に限って成年子の否認権行使を認めることは，自然懐胎との差異を生じさせる点で相当でないとの理由も挙げられている（部会資料 25-2・21 頁）。

(4) 改正法下での解釈問題

(ⅰ) **否認権制限の要件**　　生殖補助医療法 10 条では，否認権者の否認権制限にかかる要件に関して，「妻が，夫の同意を得て，夫以外の男性の精子（その精子に由来する胚を含む。）を用いた

第4章　実親子法の改正（2022年）

生殖補助医療により懐胎した子」と定められており，この文言は今般の改正前後で同じである。この文言において，各否認権者の否認権制限の具体的要件は何であるかについては，解釈に委ねられている。

　a）夫の否認権制限の要件　（ア）夫の同意要件　生殖補助医療法10条の文言によれば，夫の否認権を制限するにあたっては，夫が，妻が他人の男性の精子を用いた生殖補助医療の施術を受け子を懐胎することに対し，同意していることが要件とされている。

　改正前の議論では，夫の否認権制限にあたって，当該夫による同意は，生殖補助医療の実施時に存在している必要があり，撤回がなされた場合は除かれると解されている（第203回国会衆議院法務委員会議事録第3号6頁〔秋野公造参議院議員発言〕）。また，夫の否認権制限の根拠について，当該生殖補助医療により懐胎・出生した子を育てる意思（根拠1）を重視する立場からは，当該同意については，夫の同意には，提供精子を生殖補助医療により妻が懐胎することのみならず，出生した子を自らの子として引き受ける意思も含まれなければならないとする解釈も示されていたところである（同6頁〔古川俊治参議院議員〕）。

　（イ）妻の同意の要否　夫の否認権制限要件として，妻の同意が必要とされているか否かについては，生殖補助医療法10条の文言から必ずしも明確な解釈が導かれるわけではない。この点について，たしかに文言上は明記されていないものの，妻自身が，第三者の提供精子による生殖補助医療により子を懐胎することに同意していることも必要とされていると解釈する余地もあるだろう（部会資料17・33頁以下参照）。これに対して，立案担当者によれば，少なくとも夫の否認権制限との関係では，生殖補助医

療法10条において妻の同意は要件とされておらず，夫の同意の有無のみを判断すれば足りるとの解釈が示されている（部会資料16-3・13頁）。妻の同意の有無が問題となるのは，妻が夫の精子を用いた生殖補助医療により子を懐胎する意図を有していたにもかかわらず，医療機関等の不手際等により第三者の提供精子による受精等が用いられ，それによって子を懐胎した場合である。もっとも，このような場合には，通常，妻だけでなく，夫の同意もないと考えられることから，妻の同意を別個の要件とする必要はないとされている（部会資料16-3・13頁）。

　　b）　母の否認権制限の要件　　前記(i)a）夫の否認権制限の要件を踏まえつつ，母自身の否認権制限の要件に関しては，①夫の同意，及び②妻（母）の同意が要件（主観的要件）となるか否か，が問題となる。

　　（ア）　要件①——夫の同意の有無　　生殖補助医療法10条の文言によれば，母の否認権制限にあたっても，夫の同意が要件になると解されうる。これによれば，母が，夫の同意がなく，第三者の提供精子による生殖補助医療により子を懐胎・出産した場合，母の否認権の行使は制限されないことになる。その理由について，立案担当者は，母の否認権制限の根拠において考慮された母の意思（根拠1）の観点を踏まえて，次のように説明する。母が夫の同意を得ずに第三者提供精子による生殖補助医療を利用し子を懐胎したということは，母においては夫による否認権行使の可能性を敢えて排除しないとの意図があり，その意味では，母が，当該子を真に夫の子とする意思を有しているとは言えない。それゆえ，母の否認権を制限する趣旨として，夫の子とする意思で出産したということを理由に，母の否認権を制限することが相当であるとの論拠が妥当しない。また，子の身分関係の安定を確保す

る観点においても、同意していない夫による否認権行使が認められるところ、相対的に行使の可能性が低いと考えられる母の否認権のみを制限することにそれほど大きな意味はないとする（部会資料 16-3・13 頁、同 17・34 頁）。

（イ）　要件②——妻の同意の要否　　母の否認権排除（制限）の根拠として、妻が、生まれた子を夫の子として育てる意思を有していたこと（根拠 1）が考慮されている点に鑑みると、夫だけでなく、妻も同様に、第三者の提供精子を用いた生殖補助医療により子を懐胎することに同意していることが必要であるとも考えられる。この点、生殖補助医療法 10 条の文言（「妻が、夫の同意を得て、夫以外の男性の精子……を用いた生殖補助医療により懐胎した」）においては、妻自身が、第三者の提供精子による生殖補助医療により子を懐胎することに同意していることが前提とされていると読み込むこともできるだろう（部会資料 17・33 頁参照）。

これに対して、立案担当者によれば、子の利益（根拠 2）及び第三者提供精子を用いた生殖補助医療の実施の意義（根拠 3）の観点から子の身分関係の安定を確保する必要性をもって母の否認権制限を基礎づけられるのであれば、「基本的に、妻は、第三者の提供精子を用いた生殖補助医療により子を懐胎することを認識し、その上で医療行為を受けているのであるから、ことさら妻の同意を要件とする必要はなく、自己の配偶子を用いないにもかかわらず、法律上の父となる夫の同意のみを必要とすれば足りる」との考え方が示されている（部会資料 17・34 頁）。この考え方は、夫の否認権制限要件について妻の主観的要件を考慮する必要はないとする解釈（a）（イ））と整合的であるとされる（部会資料 17・34 頁）。

c）　子の否認権制限の要件　　子については、夫が同意した第三者の提供精子を用いた生殖補助医療により懐胎した子の身分

関係の安定を確保する必要性（根拠 2 及び根拠 3）をもってその否認権制限が基礎づけられている点に鑑みれば，その制限には夫の同意が要件になるものと解される。

(ⅱ) **前夫の否認権行使**

a) 解釈問題の背景　改正民法では，前夫にも一定の要件のもとで否認権が認められた（改正 774 条 4 項）。そのうえで，第三者の提供精子を用いた生殖補助医療により懐胎した子の法的父子関係について，前夫の法的地位，あるいは前夫の否認権行使の可否について明文規定は設けられず（部会資料 25-2・21 頁），解釈に委ねられることになった。

前夫の法的地位・否認権行使が問題となりうるのは，次の二つの場面である。

第一は，後婚の夫が同意した生殖補助医療によって子が懐胎・出産された場合【事例 1】，第二は，前夫が同意した生殖補助医療によって子が懐胎・出産された場合【事例 2】である。

b) 【事例 1】の検討　（ア）【事例 1】後婚の夫による同意があった場合　後婚の夫が第三者提供精子を用いた生殖補助医療による子の懐胎に同意していた場合に，前婚の離婚後 300 日以内に子が出生したとき，当該子の法的父子関係にかかる前夫の否認権行使が問題となる。さらに，このような問題が生じる場合は，後婚の夫が，第三者提供精子を用いた生殖補助医療による子の懐胎に同意した時期によって，【事例 1-①】当該同意が後婚の夫との再婚後である場合と，【事例 1-②】当該同意が後婚の夫との再婚前（前婚存続中も含む）である（そして，再婚後に子が出生した）場合とに区別される。もっとも，【事例 1-②】の場合においては，第三者提供精子を用いた生殖補助医療により懐胎した子は，後婚の夫の婚姻との関係では，当該婚姻の成立前に懐胎された子

となるところ，現在の生殖補助医療の自主規制ルールの下では，法律上の婚姻関係が未成立のカップルに対しては第三者の提供精子による生殖補助医療は提供されない。そのため【事例1-②】が問題となるのは極めて稀であると考えられる（部会資料22-2・14頁以下参照）。この点に鑑みて，法制審議会民法（親子法制）部会では，そのような通常の行為規制ルールからは想定されない医療行為を前提とした場面に関する規律を置くことにより，行為規制ルールへの影響に鑑みて慎重な検討を要するとの意見があった（第22回議事録15頁〔中田裕康委員発言〕，部会資料23・17頁）。

（イ）【事例1-①】について　【事例1】後婚の夫が第三者提供精子を用いた生殖補助医療による子の懐胎に同意していた場合のうち，【事例1-①】再婚後に当該同意がされていたとき，この場合の前夫は，改正774条4項本文が定める否認権が与えられる前夫の定義（「子の懐胎の時から出生の時までの間に母と婚姻していた者であって，子の父以外のもの」）に該当しない。したがって，この場合には，前婚の夫の否認権行使自体が問題とならないと解される（佐藤隆幸ほか「民法等の一部を改正する法律（親子法制の見直し）の概要（下）」NBL1243号（2023年）49頁）。

（ウ）【事例1-②】について　【事例1-②】再婚前に後婚の夫が第三者提供精子を用いた生殖補助医療による子の懐胎に同意していた場合においては，前夫が当該生殖補助医療に同意を与えていない点を踏まえて，当該前夫による否認権行使が子の利益を害することが明らかでないとの要件（改正774条4項ただし書）を満たすか否かが問題となる。この要件（改正774条4項ただし書）が定められている趣旨は，前夫が子の父として自らの子を養育する意思がないにもかかわらず，嫌がらせ等の目的での嫡出否認権行使を除外することにある。そのうえで，前婚の夫が子を養育す

る意思を有するか否かの判断にあたっては，その重要な考慮事情として，子と前婚の夫との間に生物学上の父子関係が存在しているとの事実が挙げられている。以上の点に鑑みれば，【事例1-②】の場合には，前夫が第三者提供精子を用いた生殖補助医療による子の懐胎に同意しておらず，生物学上の父に相当する地位にあるとは言えないため，通常，改正774条4項ただし書が定める子の利益要件を充足しない。したがって，前夫による否認権行使は認められないものと考えられる（部会資料25-2・21頁）。

c)【事例2】の検討　前夫が第三者提供精子を用いた生殖補助医療による子の懐胎に同意していたが，その後離婚し，妻が再婚して子を出産した。当該子の出生が前婚の離婚から300日以内だった場合に，①改正772条3項の嫡出推定が妥当するか否か，及び②改正772条3項に基づき再婚後の夫が子の法律上の父と推定される場合に前夫による否認権の行使が認められるか否か，ということが問題になる。

（ア）嫡出推定（改正772条3項）との関係　子の懐胎が前夫の同意に基づく第三者提供精子を用いた生殖補助医療による場合，当該子が再婚後の夫の生物学上の子である蓋然性はない。そのため，改正772条3項の例外として，子の出生時点で，前夫の子としての嫡出推定が妥当するとの規定を定めることも考えられる。しかし，自然懐胎か生殖補助医療による懐胎かにより取扱いに差異を設けることはできる限り避けるべきであり，子の懐胎が第三者提供精子によるとの事情を明らかにすべきではないとの配慮から，嫡出推定制度の特則は設けられなかった（部会資料16-3・14頁以下）。したがって，この場合においても，出生した子は，改正772条3項に基づき，まず再婚後の夫の子と推定される。

（イ）前夫による嫡出否認権の行使　前夫は，自然懐胎の

場合における否認権行使の場面とは異なり，生物学上の父子関係が存在する可能性を想定できない。しかし，前夫が生殖補助医療について同意を与えていたものであるという事実が，前夫に子の父として自ら子を養育するという意思があることの徴表として意義を有する。この点を踏まえると，自然懐胎の場合と同様，子が前夫の同意した生殖補助医療によって懐胎されたものであるときは，基本的に，子の利益を害することが明らかでない（改正774条4項ただし書）として，前夫による否認権行使が認められる可能性がある。これに対して，子が前夫の同意した生殖補助医療によって懐胎されたと認めるに足りないときは，前夫に，真に子の父として自ら子を養育する意思があるかは疑わしい。このような事情が認められる場合に，子や母が前夫を父とすることに異議を述べているときは，将来，子や母が前夫の子であるとの推定を否認する事態が生じ得ることから，子の利益を害することが明らかでない（改正774条4項ただし書）とはいえないとして，前夫の否認権行使が制限されうる（部会資料25-2・14頁）。

(5) 残された課題

今般の改正は，生殖補助医療に関する行為規制ルールの整備がないことを前提としていたため，第三者の提供した精子を用いた生殖補助医療において，夫の同意のあり方に関する方式等については定められていない。この点については，生殖補助医療法附則3条には，2年を目途に生殖補助医療の行為規制に関するルールを整備する点などが示されている。また，嫡出否認がなされた場合における，精子提供者の地位に関する規律も設けられておらず，この点も今後の検討課題として残されている。

〔木村　敦子〕

条文索引

※改正前などの表示がないものは,本文で解説した改正を反映している.

民　法

- 1条1項 …………………… 67
- 4条 ………………………… 15
- 5条
  - 1項 …………………… 16, 177
  - 1項ただし書 …………… 16
  - 2項 …………………… 16, 177
  - 3項前段 ………………… 16
  - 3項後段 ………………… 16
- 6条
  - 1項 ……………………… 16
  - 2項 ……………………… 16
- 158条 ……………………… 17
- 709条 ……………………… 183
- 711条 ……………………… 183
- 712条 …………………… 17, 18
- 713条 ……………………… 18
- 714条 ……………………… 67
  - 1項 …………………… 183
- 732条 ……………………… 110
- 743条〜747条 …………… 87
- 766条
  - 1項 …………………… 65, 67
  - 3項 ……………………… 66
- 772条 ………… 109, 111, 178, 189
  - 1項 ………… 92, 102, 109, 117
  - 1項前段 ………… 97, 107, 110
  - 1項後段 ………… 97, 98, 99, 100, 105, 110
  - 2項 …………………… 100, 102
  - 2項前段 ………… 105, 106, 110
  - 2項後段 ………………… 110
- 3項 …… 94, 102, 105, 106, 107, 108, 109, 117, 119, 201
- 4項 …………………… 108, 144
- 774条 ……………………… 117
  - 1項 …………………… 119, 123
  - 2項 ………… 124, 125, 153, 172
  - 3項 …………………… 119, 124, 125
  - 3項ただし書 ………… 121, 156
  - 4項 …………………… 119, 127, 199
  - 4項ただし書 ……… 121, 132, 132, 200, 201, 202
  - 5項 …………………… 135
- 775条 ……………………… 103
- 776条 ……………… 136, 141, 190
- 777条 ……………… 103, 117, 163, 170
  - 1号 …………………… 119
  - 2号 …………………… 119, 176
  - 3号 …………………… 119
  - 4号 …………………… 119, 134
- 778条 …………… 119, 139, 170
  - 2号 …………………… 176
  - 4号 …………………… 134
- 778条の2
  - 1項 …………………… 124, 154
  - 2項 ………… 121, 158, 170, 176
  - 2項ただし書 …………… 180
  - 3項 …………………… 170, 181
  - 4項 ………… 132, 135, 139, 140
- 778条の3 …………… 143, 183
- 778条の4 ………………… 144
- 779条 ……………………… 84, 100
- 780条 ……………………… 17

203

781条	166
782条	135, 160, 165
783条	
1項	100
3項	156, 160
784条	179
785条	155
786条	145, 146, 149, 155, 163
1項	147, 150, 170, 171
1項ただし書	156
1項1号	153, 176
1項2号	154
1項3号	155
2項	158, 170, 176, 179
2項ただし書	179, 180
3項	170, 181
4項	143, 183
787条	114, 154, 160
788条	65
791条3項	24
792条	17
795条	18
797条	23, 37
1項	26
2項	63
798条	18, 23
804条	17
809条	26
811条の2	18
817条の2	26, 40
1項	48
817条の4	27, 34
817条の5	38
1項	37
1項後段	38
2項	37
3項	38
817条の6	41, 47
817条の7	41, 47, 66
817条の8	41
818条	16, 58
3項	125
819条	
4項	176
6項	66
820条	16, 58, 65, 66, 75, 77, 79, 124, 126, 127
821条	75, 78, 79
822条	16, 65, 74
823条	16
824条	16, 58
833条	16
834条	62
ただし書	63
834条の2	62
2項	63
835条	62
838条	17
840条	
2項	68
3項かっこ書	68
847条1号	18
852条	18
857条	17, 124, 127
857条の2	
1項	68
2項	68
3項	68
859条	68
859条の2第1項	68
867条1項	17
887条1項	144

896条ただし書 ·················· 157
910条 ························· 144
974条 ·························· 18
985条1項 ····················· 166
1009条 ························ 18

改正前民法

4条 ························ 12, 13
731条 ························· 20
733条 ···················· 109, 110
 1項 ························ 87
737条 ························· 22
 1項 ························ 20
 2項 ························ 21
740条 ························· 21
753条 ············· 15, 21, 22, 23
766条2項 ····················· 66
772条 ························· 85
 1項 ············· 83, 97, 112, 116
 2項 ············ 83, 84, 86, 87, 88,
     92, 112, 116, 191
773条 ····················· 88, 110
774条 ·········· 83, 89, 112, 189
775条 ····················· 83, 112
776条 ················ 84, 112, 140
777条 ········· 84, 112, 137, 172
786条 ························ 171
787条 ························ 127
815条の5
 本文 ························· 27
 ただし書 ······················ 27
817条の4 ····················· 27
821条 ····················· 16, 74
822条 ························· 16
 1項 ························ 69
 2項 ························ 69

834条 ······················ 59, 64
835条 ························· 59
842条 ························· 68

明治民法

820条 ························· 91
843条 ························· 23

人事訴訟法

2条2号 ···················· 85, 90
12条
 2項 ······················· 161
 3項 ·················· 161, 161
13条1項 ······················ 177
24条2項 ····················· 150
25条 ···················· 149, 150
26条2項 ····················· 161
27条
 1項 ·············· 157, 162, 182
 2項 ·················· 136, 137
32条4項 ······················ 76
34条4項 ······················ 72
41条 ························ 159
 1項 ·················· 136, 158
 2項 ······················· 136
 3項 ······················· 120
 4項 ······················· 120
42条 ························ 119
 3項 ······················· 162
43条 ···················· 146, 157
 1項 ·················· 158, 162
 2項 ············· 137, 158, 160
 3項 ·················· 137, 162

改正前人事訴訟法

41条 ························ 160

家事事件手続法
　47 条
　　1 項·················53
　　3 項·················53
　　5 項·················53
　　6 項·················53
　65 条··············39, 72, 76
　74 条 1 項···········38, 51, 52
　80 条·················46
　118 条················39
　152 条 2 項············76
　157 条 2 項············76
　164 条
　　1 項·················49
　　2 項··········48, 49, 51, 55
　　3 項·················53
　　4 項·················53
　　5 項·················39
　　6 項·················53
　　6 項 1 号···········38
　　7 項·················47
　　9 項··············39, 51
　　10 項················53
　　11 項前段··········50
　　11 項後段··········50
　　12 項················50
　　13 項················38
　164 条の 2 ··········47, 48
　　1 項·················47
　　1 項ただし書······48
　　2 項·················48
　　3 項·················48
　　4 項·················39
　　5 項·················54
　　6 項·················48
　　6 項 1 号···········38

　　7 項·················50
　　9 項·················52
　　10 項················51
　　11 項················51
　　14 項················50
　169 条················72
　　2 項·················76
　174 条················69
　234 条················48
　235 条················39
　237 条 2 項············51
　239 条 1 項············48
　244 条················91
　277 条
　　1 項·················91
　　3 項·················91
　283 条の 2 ··········120, 162

家事事件手続規則
　93 条 1 項 1 号·······51
　　2 項·················51
　　5 項·················51
　93 条の 2 第 1 項〜3 項···51

国際的な子の奪取の民事上の側面に関する条約の実施に関する法律
　28 条·················76

児童の権利に関する条約
　3 条 1 項·············61
　5 条·················76
　12 条 1 項············61

児童福祉法
　2 条 1 項·············76

28 条 ·· 63
33 条の 2 第 3 項 ························ 71
33 条の 2 第 4 項 ························ 71
33 条の 6 の 4 ···························· 48
 1 項 ································ 51, 52
 2 項 ·· 55
33 条の 6 の 5 ···························· 48
 1 項 ·· 52
33 条の 7 ···································· 64
47 条 3 項 ·································· 71
 4 項 ·· 71
 5 項 ·· 71

改正前児童福祉法
33 条の 2 第 2 項 ························ 78
47 条 2 項 ·································· 71

児童虐待防止法
4 条 6 項 ···································· 60
14 条 1 項 ···················· 60, 73, 78, 79

社会福祉法
19 条 1 項 ·································· 19

戸籍法
52 条 1 項 ·································· 84

生殖補助医療法
1 条 ·· 188
2 条 ·· 188
3 条〜8 条 ······························ 188
9 条 ·· 189
10 条 ········· 190, 191, 192, 193, 194,
     195, 196, 197, 198
附則 3 条 ································ 202

改正前生殖補助医療法
10 条 ······································ 189

性同一性障害者特例法
3 条 1 項 1 号 ···························· 19

アルコール健康障害対策基本法
2 条 ·· 19

競馬法
28 条 ·· 18

小型自動車競走法
13 条 ·· 19

自動車競技法
9 条 ·· 18

水先法
15 条 1 項 2 号イ ······················ 19

モーターボート競走法
12 条 ·· 19

旅券法
5 条 1 項 2 号 ···························· 19

国籍法
2 条 1 号 ·································· 167
3 条 ·· 146
 1 項 ································ 19, 167
 2 項 ······································ 167
 3 項 ······························ 167, 168
5 条 1 項 2 号 ···························· 19
14 条 1 項 ·································· 19
17 条 1 項 ·································· 19

日本国憲法の改正手続に関する法律
　附則3条……………………3.13

事項索引

あ 行

医療ネグレクト……………63, 70
医療ネグレクトにより児童の生命・身体に重大な影響がある場合の対応について……………70
夫の子である蓋然性……………97
夫の同意……………196
夫の否認権制限……………189
親子関係
　――の形成……………31
　――の形成（実質的）………27, 35
　社会的――……………174
親子関係不存在確認の訴え……85, 114
親の職分……………58

か 行

外観説……………86, 115
価額支払請求
　相続における――……………144
家庭裁判所……………23
　――の審判……………40
家庭裁判所調査官…………39, 46, 49
家庭養育の機会……………31
監護の開始時期……………33
監護費用の償還請求……………183
監護費用の分担……………67
起算点……………138, 153
虐待又は悪意の遺棄があるとき……64
経過措置……………15, 22
形成無効……………147, 167
継続的な愛情形成（親子としての）
　……………33

権利濫用……………148, 153, 155, 190
子
　――の意見表明……………61
　――の意思の尊重……………38
　――の最善の利益に関する考慮
　　……………61
　――の人格の尊重……………75
　――の陳述の聴取………39, 72, 76
　――の年齢及び発達の程度…39, 75
　――の否認権制限……………194
　――の利益……65, 66, 76, 121, 126, 128, 131, 192, 202
行為規範……………76
合意に相当する審判……………91
公正証書……………43, 140
厚生労働省社会保障審議会児童部門会児童虐待防止のための親権の在り方に関する専門委員会………62
国籍の不正取得……………146
個人情報……………53
婚姻適齢……………3, 21
　――の引上げ……………12

さ 行

再婚禁止期間……………87
　――の廃止……………109
財産管理……………77
財産分与……………8
里親委託……………32, 63, 70
試験養育……………41
しつけ……………69, 77
実　務
　国籍――……………169

戸籍―― ……………………84
児童虐待…………………6, 32, 60
児童虐待対応における司法関与及び
　特別養子縁組制度の利用促進の在
　り方に関する検討会……………30
児童虐待の防止等に関する法律……60
児童虐待防止対策に関する関係閣僚
　会議………………………………73
児童虐待防止対策の強化を図るため
　の児童福祉法等の一部を改正する
　法律…………………………………6
児童相談所長……………30, 43, 126
児童相談所長又は施設長等による観
　護措置と親権者等との関係に関す
　るガイドライン…………………71
児童の権利に関する条約…………61
児童の権利擁護等の所要の措置を講
　ずる趣旨により児福法等改正……73
児童福祉法等の一部を改正する法律
　………………………………5, 6, 60
「社会生活上の経験が乏しい」消費
　者…………………………………14
社会保障審議会児童部会
　――新たな子ども家庭福祉のあり
　　　方に関する専門員会………29
　――児童虐待防止対策のあり方に
　　　関する専門員会……………28
主張権者…………………………146
出生届………………………………84
出自を知る権利…………………173
出訴期間…………………………138
　――の伸長……………………117
　――の制限……………………113
　（子自ら主張する際の）――の特
　　　例…………………………170
承　認

　――権者の限定………………141
　嫡出の――……………………140
消費者被害…………………………14
昭和15年4月8日付け民事甲第
　432号民事局長通達……………84
人格の尊重…………………………76
親　権
　――の性質………………………58
　――の内容………………………58
親権後見統一論……………………59
親権制限………………………62, 72
親権停止……………………………62
親権の濫用………………………126
真実性と安定性のバランス………120
身上監護……………………………68
推定されない嫡出子………………84
推定の及ばない子………………85, 114
精子・卵子・胚の提供等による生殖
　補助医療により出生した子の親子
　関係に関する民法の特例に関する
　要綱中間試案…………………187
精子提供者の地位………………202
生殖補助医療……………………187
　――の意義……………………193
　第三者の提供精子を用いた――
　　　…………………………188
（生殖補助医療に同意した夫による）
　嫡出の否認の禁止……………189
生殖補助医療の提供等及びこれによ
　り出生した子の親子関係に関する
　民法の特例に関する法律……188
成年擬制……………………………3, 21
成年年齢……………………………3
　――の引下げ……………3, 12, 72
前　夫………………………90, 116
　――の関与……………………91, 96

事項索引

――の否認権行使 199
その他の子の心身の健全な発達に有
　害な影響を及ぼす言動 78

た　行

胎児認知 100, 165
体　罰 77
父
　――の利益 121, 180
　血縁上の―― 152
嫡出推定 111
　――の重複 105
嫡出推定・否認制度 83, 145
嫡出推定制度 7
嫡出性の承認 190
嫡出否認制度 112
嫡出否認の訴え 83, 111, 146
懲戒権 6
懲戒権規定の削除 69
DNA 鑑定 115
貞操義務 97
提訴期間の限定 146
同意の撤回の制限 42
同　居 175
同居義務 97
特別養子縁組 26, 193
　――の縁組成立時 35
　――の審判申立て時 34
特別養子制度 5
特別養子適格の確認審判 47

な　行

20 歳未満ノ者ノ飲酒ノ禁止ニ関ス
　ル法律 18
20 歳未満ノ者ノ喫煙ノ禁止ニ関ス
　ル法律 18

2 段階審判手続 47
日本国憲法の改正手続に関する法律
　................................ 3, 13
認知調停 90
認知の訴え 90, 114
認知無効 145
認知無効の調停 162
年　齢
　選挙権―― 13
　投票権―― 13
　養親―― 17
年齢差 34, 37

は　行

配偶者の暴力 97
820 条の規定による監護及び教育に
　必要な範囲で 65
母固有の無効主張 165
母の意思 193, 197
母の否認権制限 193
否認権
　子の―― 123
　死亡による――の承継 136
　前夫の―― 129
　母固有の―― 123
否認権者 111
　――の拡大 116
費用償還 142
夫婦による子の養育の期待 97
父子関係
　――の安定 194
　（社会的実態を伴わない）――
　................................ 173
　社会的な―― 129, 152
　生物学上の―― 134
不実認知 146

211

普通養子縁組 …………………… 33
普通養子制度 …………………… 5
プライバシーの保護 ………… 53, 97
別居証明 ………………………… 93
法教育 …………………………… 14
法 人 …………………………… 68
法制審議会 ……………………… 3
法定代理人 …………………… 153
　――の代諾 …………………… 23
　――の同意 …………………… 16
法務省民事局長通達（法務省民一第
　1007号）……………………… 6

ま 行

未成年後見 ……………………… 68
未成年者 ………………………… 16
未成年者飲酒禁止法 …………… 18
未成年者喫煙禁止法 …………… 18
未成年養子 ……………………… 8

民一第1007号法務省民事局長通達
　………………………………… 86
無国籍者問題 …………………… 6
無戸籍者問題 ……………… 86, 116
面会交流 …………………… 28, 67
　――の安心・安全な実施 …… 8

や 行

やむを得ない事由 ……………… 37
養育期間 ………………………… 37
養育費 …………………………… 20
　――の支払確保 ……………… 8
養子となる者の（上限）年齢 … 27, 37
養親候補者 ……………………… 47

ら 行

離婚後の子の養育 ……………… 8
類推適用 ……………………… 185

解説　民法（家族法）改正のポイントⅠ
──2018〜2022年民法改正編

2024年10月30日 初版第1刷発行

編　者	大村敦志・窪田充見
著　者	石綿はる美・木村敦子・久保野恵美子・小池　泰
	杉山悦子・幡野弘樹・山下純司
発行者	江草貞治
発行所	株式会社有斐閣
	〒101-0051 東京都千代田区神田神保町 2-17
	https://www.yuhikaku.co.jp/
印　刷	大日本法令印刷株式会社
製　本	牧製本印刷株式会社
装丁印刷	株式会社亨有堂印刷所

落丁・乱丁本はお取替えいたします。定価はカバーに表示してあります。
©2024, A. Omura, H. Kubota, H. ishiwata, A. Kimura, E. Kubono, Y. Koike,
E. Sugiyama, H. Hatano, Y. Yamashita.
Printed in Japan ISBN 978-4-641-23323-2

本書のコピー，スキャン，デジタル化等の無断複製は著作権法上での例外を除き禁じられています。本書を代行業者等の第三者に依頼してスキャンやデジタル化することは，たとえ個人や家庭内の利用でも著作権法違反です。

[JCOPY] 本書の無断複写（コピー）は，著作権法上での例外を除き，禁じられています。複写される場合は，そのつど事前に，(一社)出版者著作権管理機構（電話03-5244-5088，FAX03-5244-5089, e-mail:info@jcopy.or.jp）の許諾を得てください。